金剛經傳

林涌强◎著

《金刚经》传

Diamond Sutra
Biography

ZHEJIANG UNIVERSITY PRESS
浙江大学出版社

Foreword
序

　　友人林涌强君于 2011 年受聘为浙江大学基督教与跨文化研究中心研究员，今年欲推出他的近著《〈金刚经〉传》，嘱我阅其书稿并作序。吾虽研究宗教有年，但于佛教经典仍属初学。深感涌强君"皓首穷经"之精神可佳，勉力作此小序，略表推介之意。

　　《金刚经》是一部重要的佛教经典，自传入中国以来，产生了六个重要译本和无数注疏，在中国社会广为流传，对中国文化影响巨大。千百年来，无数文人学子研读《金刚经》，念诵《金刚经》，因《金刚经》而得感应，因《金刚经》而悟道。

　　涌强因着信仰之追求，近年来搁功名、弃俗务，专事宗教经典之研读。《金刚经》本身是一部外来的印度佛教经典，要对这样一部经典做好翻译、解读、诠释的工作，研究者本身必须具有跨文化的视野。跨文化阅读是他的《〈金刚经〉传》的一大特色。

　　经典的原义是指传统的、权威性的基本著作。人类思想史从外观上看是文献的积累和权威性基本著作的逐步经典化。经典把描述性的经验上升为规范性的论说，古代圣贤把各种经验总结提炼为格言，在表述上达到普遍性，使具体经验变成普遍常则。一般的格言、谚语、诗歌，若无经典的地位，只能靠偶然的机会传播和应用，最多被视为世俗智能，权威性不够，对人缺乏说服力和约束力。经典则是一套论述体系，而非一两句格言，经典文本在获得经典地位之后，其掌握群众的文化软实力极为巨大。因此，经典是文化的基本内核，使文化在其传承发展中获得自己鲜明的特殊性格。

在单一文化背景下，经典的形成过程相对简单，而在跨文化背景下，经典的形成过程则要复杂得多。在跨文化背景下翻译经典实质上是一种包括语言翻译在内的文化翻译，既涉及语言的变化与转换，也涉及思维方式的变革。麦金太尔说，当两种传统相遇的时候，"我们便具有两类不同的翻译：对等的直译和带有语言创新的翻译。通过它们，传统可以从其初始语言中（从希伯来语或希腊语或无论什么语中），转换成后来的语言。注意，翻译的这两种关系可以适用于文本或话语的其他体系之间，不仅在相互不同的语言（如希伯来语、希腊语和拉丁语）之间，而且还在视为两个不同阶段或时期的同种语言之间"[①]。他所说的直译大体上相当于我们所说的文字翻译，他说的带有语言创新的翻译则大体上相当于我们所说的文化翻译。文字翻译的需要产生于文化交流，文化交流离不开语言的翻译，包括笔头的和口头的，而文化融合必将导致不同语言的对应表达。在跨文化的交流与传播中，不同的文化传统会在特定时空中相遇和碰撞，进而发生融合。这个时候就产生了语言翻译和文化翻译的急迫需要。因此，翻译不仅是指日常意义上的语言文字的翻译，即把一种语言文字转换成另一种语言文字，而且也指文化意义上的翻译，即不同思维方式的转换。这两种意义上的翻译在实际工作中是联系在一起的。

对处于频繁的文化交流之中的民族来说，翻译工作极为重要。它不

---

① 麦金太尔：《谁之正义？何种合理性？》，万俊人等译，当代中国出版社 1996 年版，第 486 页。

仅关系到本民族文化传统的传承，也关系到本民族文化的发展与更新。按人们的最一般理解，所谓传统仍是那些世代相传、具有特点的社会因素，如文化、道德、思想、制度等。人类社会在语言出现之前，传统以习惯和习俗的形式来化成和沿袭。语言的产生，进而文字的产生，促成了真正意义上的传统的形成，即以思想为形式的传统出现了。语言除了担负起记载传统的重任外，还担负起逾越时空差距、延续和保全传统的功能。然而，随着历史的经年流逝和人类生存处境的变化，再加上语言自身的流变，某种传统的本义难免会被遮蔽和曲解。因此，要维系和保全传统，求得传统真相，就离不开对传统典籍的诠释，这种诠释既包括外文中译和古文今译（translation），也包括对经典文本的注释（annotation）。

一般说来，随着时代的变迁，那些重要的著作经过历史选择成为经典之后，又会产生重新翻译和诠释的需要。产生这种需要的原因主要有三方面：第一，随着时间的推移，某一社会群体所使用的语言自身发生了变化，因而出现古文今释的需要；第二，文化环境发生剧烈变化，在各民族文化交流的过程中，不仅要把外来经典翻译成本民族语言，而且要把本民族经典翻译成其他民族语言；第三，在其他民族强势文化的影响下，本民族的传统有断裂的危险，为了在精神上保全本民族的传统并促进本民族文化更新，必须对外来经典和本民族经典进行诠释。

经典诠释活动对传统的积极作用首先表现在它有助于突破具体传统的局限性。任何具体的传统都有其局限性。"每一传统都体现在某套特殊言语和行为之中，因而体现在某些特定语言和文化的所有特殊性之中。概念的发明、阐述和修正（通过这些概念，那些建立和继承传统

的人才能理解这些）都不可避免地是在此种而非彼种语言里构想出来的概念。"①在诠释和翻译活动中，诠释者和翻译者要保证活动的成功，就要对其诠释的对象和翻译的文本有深入的理解。在跨文化的背景下，"两种不同传统的信奉者们把那些传统理解为相互对立和竞争的传统，其先决条件当然是在很大程度上相互理解。这种理解有时候只有通过一套相关的历史转化才能达到；两种传统之一或两者为了能够提供对对方立场某些特点的描述，可能必须要大大丰富自己，而这一丰富将会牵涉到概念和语言的创新，相当可能还有社会的创新"②。通过对其他传统经典的翻译和诠释，诠释者既加深了对其他文化传统的理解，又加深了对自身传统文化的理解，从而在思想上逐渐丰富自己，进而达成不同程度的文化融合。

涌强君在多年的文化交流与传播活动中养成了跨文化的视野和世界主义的立场。他在《金刚经》的"文句疏理"和"义理诠释"两个方面做了大量的工作。《〈金刚经〉传》凝结着涌强君的心血。对当代中国文化建设而言，《〈金刚经〉传》的出版实为添砖加瓦之举，值得学界同仁拨冗一阅。

王晓朝

中国宗教学会常务副会长

浙江大学基督教与跨文化研究中心主任

2012 年 6 月 4 日急就于杭州浙江大学西溪校区

---

① 麦金太尔：《谁之正义？何种合理性？》，万俊人等译，当代中国出版社 1996 年版，第 485 页。
② 麦金太尔：《谁之正义？何种合理性？》，万俊人等译，当代中国出版社 1996 年版，第 483 页。

Preface 前 言

自古以来，《金刚经》作为东方文化瑰宝，一直被奉为大藏佛经的经中之经。就如禅宗六祖慧能因听闻《金刚经》开悟，之后这部经书便成为了禅宗最重要的经典之一。这部经书虽然篇幅短小精简，但是"一切诸佛，及诸佛阿耨多罗三藐三菩提法，皆从此经出"①，其内容和意义的重要已是自不待言。

"金刚"，本指金刚钻。现代科学发现，金刚和石墨同属碳元素，由于微观结构的排列不同，金刚和石墨便成为"光明"和"黑暗"截然不同的两类物质（详见本书《金刚经》概述及注释）。佛陀以金刚为喻，命名此经，这就涵盖了文字浩瀚的大藏佛经之全部内容："苦海无边，回头是岸。"人类以世界为生存向往目标，必是"空虚混沌、渊面黑暗"②的苦海无边，结果如同石墨；但是以天国为生存向往目标，必是"妙觉明元、本元明妙"③的真光彼岸，结果如同金刚。

"道成肉身"的耶稣基督来到世界，他指着施洗者约翰这位先知，告诉我们人类："确实地对你们说：妇女所怀的，没有受生命比施浸者约翰还伟大的。"④《圣经》"先知"一词是希伯来语中译，就如同"佛陀"

---

① 引自《金刚经》第八品：依法出生分。
② 摘自圣经《创世记》第 2 章 2 节。
③ 引自佛典《楞严经》第 4 卷，梵文古译本为："妙觉明圆，本圆明妙"。
④ 引自《马太福音》第 11 章 11 节，此经文依据《Nestle-Aland 新约圣经希腊原文第 27 版》翻译。

是梵语中译，意思都是指"真光明觉而讲道说法"的人。《圣经》既概括"真光明觉而讲道说法"的集大成者约翰所讲道的全部内容："悔改，天国就近了"①，也概括耶稣基督所讲道的全部内容："悔改，天国就近了"②，这就表明上帝与先知或者佛陀所讲道的内容是绝无二致的。我们眼见为实的这个无边无际的宇宙及其万物，终究是"过去、现在、未来"与"前、后、左、右、上、下"所交织的虚无缥缈和无可着落。人类既认识了如此"苦海无边"，就幡然醒悟而回转，从此心向神往，这便是"回头是岸"。这个岸就是指向了天国彼岸。所以，《圣经》的"道"在此印证佛经"金刚"的全部内容和意义也已是自不待言。

说起《金刚经》的研究，"此经读诵者无数，称赞者无边，造疏及注解者，凡八百余家。所说道理，各随所见。见虽不同，法即无二"③，慧能说的这段话，概览了《金刚经》研究在唐朝就达到了热门和兴盛的程度。然而《金刚经》对于"上根者，一闻便了；而无宿慧者，读诵虽多，不悟佛意"④，这种状况直至今日依旧如故。这倒使我想起了《坛经》里的一段公案：慧能因为不识字，听了《金刚经》就只有专注于佛陀所说，竟成了听闻便了悟经文义旨的上等根器之人，所以能承传佛陀所传的人类核心价值观。神秀虽然博学多才，遑论识字，或许就是借着太多的文字便利而消耗了工夫在文字推敲上，因而影响了他对经文的直接观悟，也因此赶不上文盲的慧能了。正所谓慧能虽不识字，却得着塞翁失马的优势，使他能专心致志于祈祷中；神秀却因文字障碍，无法专注于神往而不得入门了。

---

① 查考自《马太福音》第 3 章 1~2 节，其中的经文"悔改，天国就近了"依据《Nestle-Aland 新约圣经希腊原文第 27 版》翻译。
② 查考自《马太福音》第 4 章 17 节，依据《Nestle-Aland 新约圣经希腊原文第 27 版》翻译。
③ 摘自《金刚般若波罗蜜口诀》。
④ 摘自《金刚般若波罗蜜口诀》。

历代的许多经学家和诠释家，尤其是当今诸多专家和学者对于《金刚经》著述、注解、诠释都有着各种不同的理解，见仁见智。虽然他们在弘扬佛法，繁荣中国传统文化方面也作出了莫大贡献，但是由于对经文义旨的理解不到位，所以作出的解释也往往是罗列种种而不得要领。限于文章篇幅，在此仅以"金刚"，以及现代最为著名的几则诠释为例，如《佛光大辞典》对于"金刚"一词的解释："梵语 Vajra，巴利语 Vajira。音译作伐阇罗、跋阇罗、跋折罗、缚日啰、伐折罗、跋日罗……"①（以下敬略一千余字引文）又如丁福保《佛学大词典》则解释说："（术语）Vajra，梵语缚曰罗（曰或作日通用），一作跋折罗。译言金刚。金中之精者。世所言之金刚石……"②（以下敬略八百余字引文）

佛陀在经文第十一章中说："如果善男善女们从这部经书中，甚至只是领受和修持四句偈语，又为他人传讲，这福德就胜于前者的福德。"意思是说心领神会地祈祷和传讲，哪怕只有四句偈语，这福德便胜过了以无量千百万倍的财富来用作供奉善事，更是胜过了花费无量千百万倍的精力来罗列种种佛学的鸿篇巨制。

《圣经》记载了先知以赛亚的一句问话："主啊，我们所传的，有谁信呢？"③《金刚经》一书虽然指着天国彼岸即人类的核心价值观而说，已经完全阐明了人类短暂生命的意义和永恒价值，但是"光在黑暗里照射"④，人们却不能领会，而且绝大多数人都不能领会。

---

① 引自《佛光大辞典》第四册，北京图书馆出版社据台湾佛光山出版社 1989 年 6 月第五版影印，第 3532 页。
② 丁福保：《佛学大词典》（中），中国书店 2011 年版，第 1308 页。
③ 引自《罗马书》和合译本第 10 章 16 节。
④ 引自《约翰福音》第 1 章 5 节，此经文依据《Nestle-Aland 新约圣经希腊原文第 27 版》翻译。

《圣经·罗马书》第 11 章 4 节："神的回话是怎么说的呢？他说：我为自己留下七千人，是未曾向巴力（巴力即偶像）屈膝的。""七"在圣经中是表示臻致圆满的数字，这里的"七千"就相当于佛经所引用臻致圆满的"无量千百万倍"的数字。人类只要在这臻致圆满的数字中有一人对经文"尽能领受、修持、朗读和传诵"，就将"一人得道，鸡犬升天"，他和他周边的所有人连同自然环境也都归回到光明和永恒的国度。《罗马书》第 11 章 5 节又说："如今也是这样，照着拣选的恩典，还有所留的余数。"人类只要满足了这臻致圆满的"七千"之数，宇宙和万物就必全都归回到光明和永恒的国度，正如《罗马书》第 8 章 19～21 节所说的："受造之物切望等候神的众子显出来。因为受造之物服在虚空之下，不是自己愿意，乃是因那叫他如此的；但受造之物仍然指望脱离败坏的辖制，进入神儿女自由的荣耀。"

当代世界著名的艺术家凡·高，由于当年漠视学院派所珍视的教条，风格"另类"而不为同时代的人所理解。他倾心创作了许多经典作品，却只在生前卖出过一张 400 法郎的画，甚至穷困潦倒，难以维持日常生活。如今，人们已然"发现"凡·高的画作价值无限！可惜他的原作纵使有再高艺术价值，也仅够极少数、极个别的人所占有和欣赏。但是这部将要由浙江大学出版社出版的《<金刚经>传》，旨在让有心人都能够享有。笔者认为，一部《金刚经》译释本所蕴含的人生、艺术价值和凡·高画作的艺术价值一样，不能以具体数字来衡量，但它会让所有阅读并理解它的人在一定程度上享有对永恒生命的指望。这就是上帝对于全人类的怜悯——他的慈爱从没有离开过人类。

本书采用古典"说文解字"，即文脉梳理和义理诠释的方式，由《说文：<金刚经>译注篇》和《解字：经文辨读篇》两部分构成。《说文》

是《金刚经》的经文新译、注释及不同经文之间的互为印证。《解字》辑录了笔者讲座的四篇记录稿,主旨是关于东西方文化标志性经典之间,即经文与经文辨读的论述。兹通过《金刚经》这部东方文化标志性经典的今译、注释和印证,融汇人类文明的核心价值观,探索中华民族与人类文化之大成。作为今人把握跨文化研究和发现的成果,也作为一个人文学者的特殊历史使命,笔者在此想抛"钻"引"域":推出经过现代汉语言文字转换的《金刚经》原文,引入东西方文化融会贯通的文明大同领域,为中国和世界各民族的人类承传和发扬文明作出自己的微薄贡献。

笔者在此要特别感谢美国贝勒大学的校长、前美国独立检察官斯塔尔先生(Kenneth Starr),因他是我下决心写作本书的起因。

2012年2月,我受美国两位参议员 Jeff Sessions 先生和 Mark Pryor 先生的邀请,参加第60届美国总统早餐会。之后顺道去德州拜访斯塔尔先生,听他谈了耶稣基督是美国文化与全球文明的焦点,公平、正义是人类走向文明的大同标识。在与斯塔尔先生谈话期间,他表示愿意与中国学人有更多交流与合作。笔者向来都争取能够在客观研究、不涉及政治与宗教争端的基础上,与相关单位搭建良好的合作研究平台,打造国际先进的研究团队,以完成人类文明即人类核心价值观的传承工作。所以,回国之后便决定将已有的成果著书成册,希望借此展示跨文化的研究成果,能够与中外同仁进行公开探讨,争取上述合作的圆满成功。

笔者在此更要感谢浙江大学基督教与跨文化研究中心主任、求是特聘教授王晓朝老师,如果没有他的鼓励、支持和督促,我想这本书的创作也许会半路熄火的。

笔者还要感谢吕美时女士、章龙雄律师、李钧老师和施祖铨先生,以及浙江大学人文学院和出版社的几位热心老师,他们或提供资金赞助出版、发行,或创作插画、馈赠墨宝题写书名,或安排出书各项事务。正是因为他们的热心相助和诸多辛劳,使本书得以呈现给所有的读者朋友们。

笔者在此也要感谢我的家人和亲友,因他们的爱心和包容,使我写作本书如同在享受人生。

愿这本书的完成,能够对我内心灵感的触动,对我所敬重的中外同仁和亲友,以及所有的读者朋友们都有一个还说得过去的交代。

林涌强

2012 年 4 月于杭州金沙学府

Contents
目 录

解　字：经文辨读篇

附　录：《金刚经》诵读篇

说 文

《金刚经》译注篇

《金刚经》概述

　　《金刚①经》，全称《金刚般若波罗蜜经》。金刚的"金"，中文代表最贵重的金属，在此象征首善之道。"刚②"，是对异化领域的强力了断而明觉。金刚，就是向往首善而刚强明觉。般若，梵文音译，意为祈祷仰望以至正定正觉的观悟。波罗蜜，也是梵文音译，意思是"到达天国彼岸③"。金刚般若波罗蜜，整句的意思是指人类在祈祷中向往至善而刚

---

① 金刚：梵文 Vajra，本指金刚钻，和石墨同属碳元素，因微观结构排列不同而"质变"。与不透明和黑色的石墨比较，Vajra 不但晶莹剔透和光彩夺目，其刚强透明程度也都超过石墨无量千百万倍，是物质中硬度最大的材料。在经文里，Vajra 喻指人类以眼见为实，就如石墨不透明，不可明白天国真相；但是人类悔改，即在祈祷中"心向神往"而一以贯之，就如金刚可破除一切黑暗的魔障，而成就正定正觉，到达真光明觉的彼岸。

② 《说文解字》：刚，疆断也，从刀，冈声。参证甲骨文的字形：从刀断网。网或从"亡"，指幻妄异化的领域。所以"刚"，是对"时空"这一异化领域的强力了断，在此表示为真光明觉的特性。

③ 天国彼岸："天国"，在中国古文化传统的意义上，是指永恒生命的彼岸。向天国升华，就是"天德"的意思。然而，在过去佛经的梵文中译里，往往把"天德"的经文义旨翻译成"天"，甚至译为"天界"，把"天德"，即向天国升华的各个阶段、层面或处所译为"欲界六天、色界十六天、无色四天"等，这样的译文，以现代中文语境的人们来读识认知，就已经不符合经文原旨，至少是偏离和混淆"天国"与"天德"的不同概念了，由此而造成现代人类读经和解经的极大困难。本书谨借译注，予以补正。

强明觉，就得以正定正觉的观悟，到达天国彼岸。

依据《圣经》印证，"只有一位是善[①]"，"除了神一位之外，就没有善了[②]"。

佛在经文中也表明"是经名为金刚般若波罗蜜，以是名字，汝当奉持"，说这部经书命名为"心向神往而刚强明觉，就得以正定正觉的观悟，到达天国彼岸"，这是我们所要奉行和持守的。

佛在经文中又说："如果有善男善女们能够从这部经书中领受、修持、朗读、传诵，也就会成为如来[③]。凭着佛的智慧，就完全知道这样的人，完全看见这样的人，都得以成就无量无边的功德。"这也是命名为《金刚般若波罗蜜》的经书内容、意义与核心价值之所在。

在一个多元的社会中，人无论有多少种活法，都不愿放弃追求得体的、有指望的生活；人无论有多少种命运，都不愿放弃对生命永恒价值的探求。《金刚经》虽然篇幅不长，却已经为人类阐明了短暂生命的意义和永恒价值，正如耶稣基督"道成肉身"所印证：

灵里讨要的人有福了，

天国是他们的。[④]

---

① 引自《马太福音》第 19 章 17 节，此经文依据《Nestle-Aland 新约圣经希腊原文第 27 版》翻译。本书引用《圣经》经文，一般都采用中文和合本，不再另行注明。但是，也有直接从原文引用的，凡这些经文都是依据《Nestle-Aland 新约圣经希腊原文第 27 版》翻译，并加注说明。
② 引自《路加福音》第 18 章 19 节。
③ 如来：佛的十个尊号之一，详见本书译注篇第二章关于"如来"的注释。
④ 引自《马太福音》第 5 章 3 节，此经文依据《Nestle-Aland 新约圣经希腊原文第 27 版》翻译。

第一章

经 文①

　　我听说是这样的。当时，佛②在舍卫国的旨树益独苑③，和出家弟子一千两百五十人相聚。那时，世尊在吃饭时间就穿外衣、拿饭钵，到舍卫国都城去讨饭；于城内挨家挨户讨要了，再返回原处吃饭、收拾衣钵、洗脚；然后铺垫打坐。

注 释

　　①《说文》的"经文"部分以中文《金刚经》的通行译本，即鸠摩罗什译本为底本，今采用《圣经》的原文翻译标准，按"经文内容的不多一字、不少一字"翻译而成。《圣经·马太福音》第5章18～19节（经文依据《Nestle-Aland 新约圣经希腊原文第 27 版》翻译）记载："确实地对你们说吧，即使天地消除，律法的一点一划也永不消除，都要成全。所以，废掉这诫命里极小一处、还如此教导人的，将在天国被称为小；但是谨守奉行并教导人的，将在天国被称为大。"《圣经·启示录》第22章18～19节也记载："我向一切听见这书上预言的作见证，若有人在这

预言上加添什么，神必将写在这书上的灾祸加在他身上；这书上的预言，若有人删去什么，神必从这书上所写的生命树和圣城，删去他的份。"本书作者在翻译《圣经》原文的过程中发现，此两处经文实为经典翻译的秘诀，由此而引以为《〈金刚经〉传》的承传宗旨。整部经书译注是参照梁武帝昭明太子当时的注疏惯例，现分为三十二章。

②佛：梵文 Buddha 音译为佛陀的简称，意即"正定正觉入善境界"的人，此处尤指真光明觉而讲道或说法的释迦牟尼佛。

③旨树益独苑：古译本原文为"祇树给孤独园"，是当时舍卫国的旨陀（原译祇陀）太子与富商须达，又名益独（原译给孤独），由他们所共同奉献树林与院落场所，专供佛陀及弟子说法、慎独修行的一处精舍。现按经文的完整内容，译为"旨树益独苑"。

古译本原文

第一品　法会因由分

如是我闻。一时，佛在舍卫国祇树给孤独园，与大比丘众千二百五十人俱。尔时，世尊食时著衣、持钵，入舍卫大城乞食；于其城中次第乞已，还至本处饭、食讫，收衣钵，洗足已，敷座而坐。

第二章

经 文

这时，长老须菩提从大众中离座起身，袒露右肩、右膝着地、合上手掌，而恭恭敬敬地问佛说："稀奇少有的世尊①啊，如来②善于顾念各位菩萨，善于嘱咐各位菩萨！世尊啊，善男善女们发正定正觉入善境界③的心了，应该怎样入住，怎样降服己心呢？"

佛就回答："很好！很好！须菩提，正像你所说，如来善于顾念各位菩萨，善于嘱咐各位菩萨！你今天好好听着，是该为你解说了。善男善女们发正定正觉入善境界的心，就该如此入住，如此降服己心。"

"世尊哪，这真是甘心乐意所要听的！"

注 释

①世尊：佛的十个尊号之一，意为世间所尊重者。

②如来：佛的十个尊号之一，指如实之来，也就是反映实在而来，但"实在"是"无所从来，亦无所去"。《说文解字》：如，从随也。意为

"依从"或"反映真貌"。

③正定正觉入善境界：梵文音译为"阿耨多罗三藐三菩提"。阿耨多罗，意思是无而上善；三藐，意思是正定成就；三菩提，意思是真光明觉的正觉成就。阿耨多罗三藐三菩提的整句意思就是善境界由正定成就、由正觉成就，即"正定正觉入善境界"。

古译本原文

第二品　善现启请分

时，长老须菩提在大众中即从座起，偏袒右肩、右膝着地、合掌恭敬而白佛言："希有世尊，如来善护念诸菩萨、善付嘱诸菩萨！世尊，善男子善女人发阿耨多罗三藐三菩提心，云何应住，云何降伏其心？"

佛言："善哉！善哉！须菩提，如汝所说，如来善护念诸菩萨，善付嘱诸菩萨！汝今谛听，当为汝说。善男子善女人发阿耨多罗三藐三菩提心，应如是住，如是降伏其心。"

"唯然，世尊！愿乐欲闻。"

第三章

佛告诉须菩提："各位菩萨大士①应该如此降服己心：所有一切众生之类，像卵生的、像胎生的、像湿润生的、像变化生的、像有形色的、像无形色的、像有思想的、像无思想的、像并非有思想也并非无思想的，我一概都祈使他们入真光境界②而灭度③。如此灭度了无量、无数、无边的众生，但实际④是并无任何众生得灭度的。何因何故呢？须菩提，如果菩萨还有我相状、人相状、众生相状、寿命相状⑤，也就并非是菩萨了⑥。"

①菩萨大士：原译菩萨摩诃萨。菩萨是梵文菩提萨埵的略称，即觉悟有情、未来将成就佛果的修行者，佛在此称他们为菩萨摩诃萨埵（Mahabodhisattva）。摩诃，形容彼岸那样的博大；萨埵，有情众生；摩诃萨埵，意为志在博大的有情者，即"大士"。菩萨摩诃萨，在此译为"菩萨大士"。请读者注意此章内容的一个细节，即须菩提在第二章

中问的是"善男善女们该如何"，佛却在这里回答"菩萨该如何"，以至于在第十七章里，须菩提又再次提出这同样的问题。

②真光境界：原译无余涅槃。涅槃，梵文 Nirvana，意思是息灭生死幻惑、度入真光暨天国境界。此处"无余涅槃"，相对于"有余涅槃"的觉明妙明境界，意即完全彻底地进入了真光暨天国境界。

③灭度：此处是梵文"涅槃"动词形态的意译。

④实际：指"入定于无"才可观悟得到的光明、真实境界。

⑤我、人、众生、寿命相状：以短暂生命之"我"、"人"、"众生"为终极存在的情状，以"寿命"即相对长久的命运为终极存在的情状。

⑥并非是菩萨了：菩萨是觉悟有情，即已认识宇宙万物是阴荫如幻的"有情世界"。如果菩萨还执着在我、人、众生、寿命的相状里，就是执幻而非觉悟有情，也就不能"入定于无"而超凡入圣，称为"菩萨"了。我、人、众生、寿命的相状，以及一切由此所代表的宇宙万物全都共属于"幻有"境界，只是指向永恒生命，也是最终要归宿于永恒生命的天国的。正如耶稣基督派遣了七十二门徒出去传道，当他们欣喜归来时，主说："要因你们的名记录在天上欢喜"（摘自《路加福音》第 10 章 20 节），也就是人当为自己的生命被神记念而高兴。主又说："你们要等候在耶路撒冷，直到领受从上面来的能力"（摘自《路加福音》第 24 章 49 节，经文据《Nestle-Aland 新约圣经希腊原文第 27 版》翻译）。耶稣基督的话就是对上述这段佛经的印证和绝妙注解。因为福音是要传遍天下，泽被苍生，令有情世界入"无余涅槃而灭度之"，但是，要领在于"等候祈祷"、入定于"无"，即天天操炼"舍己、背起自己的十字架"，直到领受从天国来的能力。此处强调的是我们既已得到福音真传，就要先行使我们自己能够心领神会，能够按神的话语去供奉善事，从而

完成"清心的人必得见神"的这个切入"实际"的过程，使我们能首先超脱有情世界之幻有，而进入光明永生。古人说"一人得道，鸡犬升天"，唯有人类得道，方可众生世界升天！这也是为什么须菩提问的是"善男善女们该当如何"，而佛在此却回答"菩萨大士们该当如何"，表明了菩萨乃至善男善女都要先行如所教导的供奉善事，即"入定于无"。这是经文关键所在，也是下文阐述"无可估量"的福德之所在。

古译本原文

第三品　大乘正宗分

佛告须菩提："诸菩萨摩诃萨应如是降伏其心：所有一切众生之类，若卵生、若胎生、若湿生、若化生、若有色、若无色、若有想、若无想、若非有想非无想，我皆令入无余涅槃而灭度之。如是灭度无量、无数、无边众生，实无众生得灭度者。何以故？须菩提，若菩萨有我相、人相、众生相、寿者相，即非菩萨。"

第四章

经　文

"再还有，须菩提，菩萨对于律法，应该无所入住，修行于供奉善事①。所谓不入住形色的供奉善事，不入住声、香、味、触、法的供奉善事。

须菩提，菩萨应该如此供奉善事，不入住于相状。何因何故呢？如果菩萨不入住相状地供奉善事，他的福德②就不可估量。

须菩提，想想为什么？东方的虚空可以估量吗？"

"不能的，世尊。"

"须菩提，南、西、北方，前、后、左、右、上、下的虚空可以估量吗？"

"不能的，世尊。"

"须菩提，菩萨不入住相状地供奉善事，福德也将如此不可估量。

须菩提，菩萨就该如所教导的入住。"

注　释

①供奉善事：梵文 Dana 的意译，原译"布施"，简称"施"，音译为"檀那"，指人类以财力、心力和所传之道供奉善事。供奉善事大致可分为三类，其一是以财力、心力和所传之道供奉佛说"无所住"的善行，就是豁出自身而修行"正定正觉入善境界"，正如《新约圣经》所印证的"要天天舍己、背起自己的十字架来跟从耶稣"，即奉行善道；其二是以财力、心力供奉那些遵行善道即修行"正定正觉入善境界"的人；其三是以财力、心力和所传之道供奉那些潜在会从事善行的人，并且供奉一切与善行有关的人和事。可参悟：

1)《圣经·马太福音》第 10 章 40～42 节 (此经文依据《Nestle-Aland 新约圣经希腊原文第 27 版》翻译)："接待你们，就会接待我。接待我，就会接待那派我来的。因着先知讲道名份接待先知讲道的，要得到先知讲道的赏赐。因着义人名份接待义人的，要得到义人的赏赐。因着徒弟名份给这小子中的一个喝上一碗凉水的，确实地对你们说吧，那人绝不会不得赏赐。"

2) 佛典《金刚经》第 11 章，佛告诉须菩提："如果善男善女们从这部经书中，甚至只是领受和修持四句偈语，又为他人传讲，这福德就胜于前者的福德。"

②福德：有助于"升华"，即通达天国彼岸的福分。《说文解字》：德，升也。意思是祈祷以至于超越，守正以至于升华。

第四品　妙行无住分

"复次，须菩提，菩萨于法，应无所住，行于布施。所谓不住色布施，不住声、香、味、触、法布施。

须菩提，菩萨应如是布施，不住于相。何以故？若菩萨不住相布施，其福德不可思量。

须菩提，于意云何？东方虚空可思量不？"

"不也，世尊。"

"须菩提，南、西、北方，四维、上下、虚空可思不？"

"不也，世尊。"

"须菩提，菩萨无住相布施，福德亦复如是不可思量。须菩提，菩萨但应如所教住。"

第五章

经 文

"须菩提，想想为什么？可以凭身体相状见识如来吗？"

"不能的，世尊。不可凭身体相状来见识如来。何因何故呢？如来所说的身体相状，也就是并无身体相状。"

佛告诉须菩提："所有一切的相状，全都是虚无幻妄①。如果见识了种种相状并无相状，就见识如来了。"

注 释

①虚无幻妄：所说的身体相状并无身体相状，各种相状也是并无相状，因为一切相状都仅仅是映衬实在的"幻有"而已。

第五品　如理实见分

"须菩提，于意云何？可以身相见如来不？"

"不也，世尊。不可以身相得见如来。何以故？如来所说身相，即非身相。"

佛告须菩提："凡所有相，皆是虚妄。若见诸相非相，则见如来。"

第六章

经 文

　　须菩提问佛说:"世尊,有相当多众生听到像这样传讲的文章句子了,会产生确实的信仰吗?"

　　佛告诉须菩提:"切不可这么说!如来灭没再过五百年了,有哪位持戒修佛的人能够对这文章句子产生信心、以此为实,就当知道这人不是从一位佛,两位佛,三、四、五位佛处种植了善根,而是已经从无量千万位佛那里种植了各样善根!听了这文章句子,甚至会一念间就产生纯净信仰①的。

　　须菩提,如来全都能知能见,这一些众生将得到像这样无量的福德。何因何故呢?这一些众生已经不再是我相状、人相状、众生相状、寿命相状,即没有法相状也没有非法相状了。何因何故呢?这一些众生如果还心取相状,就是在执着我、人、众生、寿命。如果取法相状,即执着我、人、众生、寿命。何因何故呢?如果取非法相状,即执着我、人、众生、寿命。也因此,既不该取法,也不该取非法。因着这样的本义,如来就常说:你们这班出家弟子要懂得我说法也就如木筏的比喻。经文律法尚且应该舍,何况非法了。"

注　释

①纯净信仰：在祈祷修行中，心领神会、能够完全舍己并放下一切的那种专注仰望。原译"净信"。《圣经》中也常常讲述这样的信仰，中文《圣经》和合本就把如此这般的"纯净信仰"译为"清心"。

古译本原文

第六品　正信希有分

须菩提白佛言："世尊，颇有众生得闻如是言说章句，生实信不？"

佛告须菩提："莫作是说！如来灭后，后五百岁，有持戒修佛者于此章句能生信心、以此为实，当知是人不于一佛，二佛，三、四、五佛而种善根，已于无量千万佛所种诸善根！闻是章句，乃至一念生净信者。

须菩提，如来悉知悉见，是诸众生得如是无量福德。何以故？是诸众生无复我相、人相、众生相、寿者相，无法相亦无非法相。何以故？是诸众生若心取相，则为著我、人、众生、寿者。若取法相，即著我、人、众生、寿者。何以故？若取非法相，即著我、人、众生、寿者。是故不应取法，不应取非法。以是义故，如来常说：汝等比丘知我说法如筏喻者。法尚应舍，何况非法。"

第七章

经 文

"须菩提，想想为什么？如来得了正定正觉入善境界吗？如来还有所说的法吗？"

须菩提说："就我理解佛所说的本义，没有一定之法而取名'正定正觉入善境界'，并且也没有一定之法是如来可说的。何因何故呢？如来所说的法都不可形取，无可称道，既不是法也不是非法。原因何在呢？一切圣贤①都因着'无为②'之法而各有差别。"

注 释

①圣贤：原译"贤圣"，指一以贯之，既入道，也就能讲解万法的圣人。可比较《圣经》希腊原文所表达的"προφήτης"，意思是"先行入道而宣道的人"，《圣经》中文和合本将此译为"先知"，其动词形态，也译为"先知讲道"；佛经梵语原文的汉译"佛陀"，意为"真光明觉而讲道或说法者"。两者都与本章所说"圣贤"的义旨一致。

②无为：指祈祷中"无幻有的作为"。

第七品　无得无说分

"须菩提，于意云何？如来得阿耨多罗三藐三菩提不？如来有所说法不？"

须菩提言："如我解佛所说义，无有定法名阿耨多罗三藐三菩提，亦无有定法如来可说。何以故？如来所说法皆不可取，不可说，非法非非法。所以者何？一切贤圣皆以无为法而有差别。"

第八章

经　文

"须菩提，想想为什么？假如人以装满三千大千世界①的七宝，用作供奉善事，那人所得的福德可算为多吧？"

须菩提回答："太多了，世尊。何因何故呢？那类福德还并非是福德的本性，所以如来说福德'多'了②。"

"又如果有人从这部经书中领受和修持了甚至只是四句偈语③，而为他人传讲，这个人的福分便胜过那人。何因何故呢？须菩提，一切的佛，以及各位佛的正定正觉入善境界法，全都从这部经义而出。

须菩提，所称谓'佛法'的，也就是并无佛法。"

注　释

①三千大千世界：古印度的宇宙观，以须弥山为中心，凡日月光照所及的时空领域称为一个小世界；合一千个小世界为一小千世界，合一千个小千世界为一中千世界，合一千个中千世界为一大千世界。因为由三个"千"数构成，所以这样的一大千世界又称为"三千大千世界"。

②福德"多"了：以所有的七宝供奉善事就具足了福德的相状，但"相状"总是有多少可以区别的；而福德的真性或本义是无多无少，没有可分别性的。在此说了福德"多"，就是表明这类福德还在相状层面，并未达到或进入性义，即实在的领域。

③偈语：佛经里指称经文内容的短语或颂词，通常言简意赅，具启示意义。

古译本原文

第八品　依法出生分

"须菩提，于意云何？若人满三千大千世界七宝，以用布施，是人所得福德宁为多不？"

须菩提言："甚多，世尊。何以故？是福德即非福德性，是故如来说福德多。"

"若复有人于此经中受持乃至四句偈等，为他人说，其福胜彼。何以故？须菩提，一切诸佛，及诸佛阿耨多罗三藐三菩提法，皆从此经出。

须菩提，所谓佛法者，即非佛法。"

第九章

经　文

"须菩提，想想为什么？须陀洹①能抱有这种理念，'我获得了须陀洹的成果'？"

须菩提回答："不能的，世尊。何因何故呢？须陀洹名为入流，从'无'而入，不入色、声、香、味、触、法，这才取名'须陀洹'。"

"须菩提，想想为什么？斯陀含能抱有这种理念，'我获得了斯陀含的成果'？"

须菩提回答："不能的，世尊。何因何故呢？斯陀含号称'一往来'，而实际已往来于'无'，这才取名斯陀含。"

"须菩提，想想为什么？阿那含能抱有这种理念，'我获得了阿那含的成果'？"

须菩提回答："不能的，世尊。何因何故呢？阿那含名为'不来'，实际已'无'而不来，所以才取名阿那含。"

"须菩提，想想为什么？阿罗汉能抱有这种理念，'我获得了阿罗汉的成果'？"

须菩提回答:"不能的,世尊。何因何故呢?实际已没有了法,才取名阿罗汉。世尊,如果阿罗汉抱有这种理念,'我获得了阿罗汉之道',也就是执着于我、人、众生和寿命了。世尊,佛说我已获得'清心正定',作为人的第一境界,是第一脱离欲界的阿罗汉了。世尊,我却不抱有这种理念:我是脱离欲界的阿罗汉了。世尊,我如果抱有这种理念,'我获得阿罗汉之道了',世尊就不会说须菩提是热衷清心修行的人。正因须菩提实际已修行于'无',这才指称须菩提是热衷清心修行的。"

注 释

①须陀洹:与接着所述的斯陀含、阿那含,以及阿罗汉,都是梵文音译,作为佛经表达祈祷修行所达到的各个阶段性成果。须陀洹称为"入流",是祈祷中已经能进入"无"的觉明妙明境界;斯陀含称为"一往来",是由须陀洹的基础更上一层楼,能够往来于"无"的觉明妙明境界;阿那含称为"不来",是由斯陀含的基础更上一层楼,能够"无"而不来,并且长时间入定于觉明妙明境界;阿罗汉称为"实无有法", 是由阿那含的基础更上一层楼,即超越了幻有,能够恒定于觉明妙明境界,阿罗汉的这般境界也可称为是"无生法忍"。

第九品　一相无相分

"须菩提，于意云何？须陀洹能作是念，我得须陀洹果不？"

须菩提言："不也,世尊。何以故？须陀洹名为入流，而无所入，不入色、声、香、味、触、法，是名须陀洹。"

"须菩提，于意云何？斯陀含能作是念，我得斯陀含果不？"

须菩提言："不也,世尊。何以故？斯陀含名一往来，而实无往来，是名斯陀含。"

"须菩提，于意云何？阿那含能作是念，我得阿那含果不？"

须菩提言："不也,世尊。何以故？阿那含名为不来，而实无不来，是名阿那含。"

"须菩提，于意云何？

阿罗汉能作是念,我得阿罗汉道不?"

须菩提言:"不也,世尊。何以故?实无有法,名阿罗汉。世尊,若阿罗汉作是念,我得阿罗汉道,即著我、人、众生、寿者。世尊,佛说我得无诤三昧,人中最为第一,是第一离欲阿罗汉。我不作是念,我是离欲阿罗汉。世尊,我若作是念,我得阿罗汉道,世尊则不说须菩提是乐阿兰那行者。以须菩提实无所行,而名须菩提,是乐阿兰那行。"

第十章

经　文

佛对须菩提说："想想为什么？如来过去在然灯佛①那里，对于经文律法还有得着之处吗？"

"没有了，世尊。如来在然灯佛那里，对于经文律法，实际已没有任何得着之处了。"

"须菩提，想想为什么？菩萨庄严了佛土②吗？"

"没有，世尊。何因何故呢？所谓'庄严'佛土，也就是并无庄严，只是取名庄严。"

"也因此，须菩提，各位菩萨大士应该如此生出清净的心，而不该入住形色生出心来，不该入住声、香、味、触、法生出心来，应该无所入住而生出这样的心。

须菩提，就比方有人的身体像须弥山一样宏伟庄严③，想想为什么？这样的身体可算为高大吗？"

须菩提回答："太高大了，世尊。何因何故呢？佛说了并无身体，只是取名高大身体。"

注 释

①然灯佛：又译"燃灯佛"，是释迦牟尼佛之前世代的一位佛，曾经在过去世为他"授记"，即预表他在来世必将成佛，尊号"释迦牟尼"。

②佛土：指佛所教化的领域。

③像须弥山一样宏伟庄严：原译"如须弥山王"。在古印度佛学领域，须弥山是世界中心，高大完美，所以又称为须弥山王。"王"字，按《说文解字》，是天地人贯通、众所归往的意思。"如须弥山王"，今译为"像须弥山一样宏伟庄严"。现以身体高大完美来继续演绎佛所传之道，即神圣之经文律法，这也同样表明了所有的一切法都好比是，也仅仅是以手而指月、以幻有而指向光明之"无"的境界。人类既得到"手指点拨"般的"经文律法启示"，就应该朝目标方向前行而达到光明之"无"的境界或目标，而不应拘泥和执着于"手指"、"像须弥山一样宏伟庄严"，以及"经文律法"。释迦在然灯佛时代，既已全然修行、通往光明之"无"的境界，对于点拨之"手指"、启示之"经文律法"，就再无任何拘泥和执着了。所以，在《金刚经》第十七品中，佛讲到了有然灯佛给释迦授记："汝于来世当得作佛，号释迦牟尼。"

第十品　庄严净土分

佛告须菩提："于意云何？如来昔在然灯佛所，于法有所得不？"

"不也，世尊。如来在然灯佛所，于法实无所得。"

"须菩提，于意云何？菩萨庄严佛土不？"

"不也，世尊。何以故？庄严佛土者，即非庄严，是名庄严。"

"是故须菩提，诸菩萨摩诃萨应如是生清净心，不应住色生心，不应住声、香、味、触、法生心，应无所住而生其心。

须菩提，譬如有人身如须弥山王，于意云何？是身为大不？"

须菩提言："甚大，世尊。何以故？佛说非身。是名大身。"

第十一章

经　文

"须菩提，就像恒河中所有沙砾的数量，像这些沙之多的恒河，想想为什么？如此之多恒河的沙砾可算为多吗？"

须菩提回答："太多了，世尊。仅这些恒河就已经无数多，何况河中沙砾了。"

"须菩提，我今日对你实话实说：假如有善男善女们以七宝装满这等恒河之沙数的三千大千世界，用作供奉善事，所得的福分多吗？"

"太多了，世尊。"

佛告诉须菩提："如果善男善女们从这部经书中，甚至只是领受和修持了四句偈语，又为他人传讲，这福德就胜于前者的福德①。"

注　释

①这福德就胜于前者的福德：佛在第八章讲了满三千大千世界的七宝，在第十一章更讲了满恒河沙数之多的三千大千世界的七宝，说在世

上的人，即使是凭着这所有的一切来供奉善事，所得的福分也都不及甚至只领受和修持这部经书的四句偈语！读者可参悟耶稣基督在《圣经·马太福音》里的两处经文（依据《Nestle-Aland 新约圣经希腊原文第 27 版》翻译）印证：

其一，第 10 章 40～42 节："接待你们，就会接待我。接待我，就会接待那派我来的。因着先知讲道名份接待先知讲道的，要得到先知讲道的赏赐。因着义人名份接待义人的，要得到义人的赏赐。因着徒弟名份给这小子中的一个喝上一碗凉水的，确实地对你们说吧，那人绝不会不得赏赐"；

其二，第 7 章 21～27 节："并非所有称呼我'主啊，主啊'的人，只有遵行我天父旨意的人能够进天国。到那日，将有许多人问我：主啊，主啊，不是奉你的名传道、奉你的名赶鬼、奉你的名显了很多能力吗？那时，将会向他们宣告：从来都不认你们这些作恶的人！离开我吧。（笔者注：中文的"恶"，意思是心向"亚"往。"亚"字就是"次重要"而非"首要"。心向"亚"往，就是心向"次重要"奔，而非心向"首要之道"往。）

"所以，凡是听我这些话而遵行的，就好比聪明人把他的房子建在磐石上，雨淋、水冲、大风吹刮，那房子推撞了也不倒塌，因为有磐石作根基。凡是听我这些话而不遵行的，就好比愚蠢人把他的房子建在沙土上，雨淋、水冲、大风吹刮，那房子撞着就倒塌了，损失惨重。"

古译本原文

第十一品　无为福胜分

"须菩提，如恒河中所有沙数，如是沙等恒河，于意云何？是诸恒河沙宁为多不？"

须菩提言："甚多，世尊。但诸恒河尚多无数，何况其沙！"

"须菩提，我今实言告汝：若有善男子善女人以七宝满尔所恒河沙数三千大千世界，以用布施，得福多不？"

须菩提言："甚多，世尊。"

佛告须菩提："若善男子善女人于此经中，乃至受持四句偈等，为他人说，而此福德胜前福德。"

第十二章

经　文

"再还有，须菩提，随遇而解说这经书了，甚至只是四句偈语，就当知道这样的场合，凡是时空界①的升华之灵②、人类、待升之灵③都应该供之养之，如同佛的塔庙。更何况有人尽能领受、修持、朗读和传诵。

须菩提，要知道这样的人是在成就最上、第一稀奇少有的经文律法。如此的经典所在之处，也就是因着有佛和尊鼎般贵重的弟子④。"

注　释

①时空界：梵文 Loka，原译为"世间"，专指"过去、现在、未来"与"前后左右上下"交织的时空境界。

②升华之灵：原译为"天"，指佛传"六处所（原译六道）"中，在升天处的众生，即灵界生命。六处所分三类善处所：升天处、人间、待升处；三类恶处所：畜生、饿鬼处、地狱。中国古文化传统的"天德"，

意思就是向天国升华。然而自古以来，佛经的梵文中译往往把"天德"的经文义旨翻译成"天"，甚至译为"天界"，把"天德"，即向天国升华的各个阶段、层面或处所译为"欲界六天、色界十六天、无色四天"等，这么翻译的文字以现代中文语境来读识认知，就极其不符合经文原本的义旨了，至少是极大地偏离和混淆了"天国"与"天德"的不同概念，由此而造成现代人读经与解经的极大困难。本书特再次借注释的机会，予以补正。

③待升之灵：梵文 Asura，经文原由中文音译为"阿修罗"，也有意译为"非天"的，意思是指尚待升华的众生，即灵界生命。"待升之灵"因为具升华悟性，但德行，即祈祷修行的操练还不足，所以常嗔怒、好争斗。升华之灵、人类、待升之灵，也称为"三善处所"，就是佛传因果报应的三类得善报的处所：升天处（原译：天）、人间（原译：人）、待升处（原译：阿修罗）。

④如此的经典所在之处，也就是因着有佛和尊鼎般贵重的弟子：可参悟《圣经·使徒行传》第 8 章 26～35 节："有主的一个使者对腓力说：'起来，向南走，往那从耶路撒冷下加沙的路上去！'那路是旷野。腓力就起身去了。不料，有一个埃塞俄比亚人，是个有大权的太监，在埃塞俄比亚女王干大基的手下总管银库。他上耶路撒冷礼拜去了，现在回来，在车上坐着，念先知以赛亚的书。圣灵对腓力说：'你去，贴近那车走！'腓力就跑到太监那里，听见他念先知以赛亚的书，便问他说：'你所念的你明白吗？'他说：'没有人指教我，怎能明白呢？'于是请腓力上车与他同坐。他所念的那段经说：'他像羊被牵到宰杀之地，又像羔羊在剪毛的人手下无声，他也是这样不开口。他卑微的时候，人不按公义审判他。谁能述说他的世代？因为他的生命从地上夺去。'太监对腓力说：'请问，

先知说这话是指着谁？是指着自己呢，是指着别人呢？'腓力就开口从这经上起，对他传讲耶稣。"

古译本原文

第十二品　尊重正教分

"复次，须菩提，随说是经，乃至四句偈等，当知此处，一切世间天、人、阿修罗皆应供养，如佛塔庙。何况有人尽能受、持、读、诵。

须菩提，当知是人成就最上、第一希有之法。若是经典所在之处，即为有佛，若尊重弟子。"

第十三章

经 文

那时，须菩提问佛说："世尊，该当怎样命名这部经书呢？我们这些人又怎样来供奉、修持呢？"

佛告诉须菩提："这经书命名为《金刚般若波罗蜜》，凭这名字，你们就当供奉、修持。原因何在呢？须菩提，佛说了般若波罗蜜，也就是并无般若波罗蜜，只是取名般若波罗蜜。

须菩提，想想为什么？如来还有所说的经文律法吗？"

须菩提回答佛说："世尊，如来已经无所可说。"

"须菩提，想想为什么？三千大千世界的所有微尘，那些算为多吗？"

须菩提说："太多了，世尊。"

"须菩提，种种微尘，如来说并无微尘，只是取名微尘。如来说了世界，却并无世界，只是取名世界。

须菩提，想想为什么？可以凭三十二种相状①见识如来吗？"

"不能的，世尊。不可凭三十二种相状得见如来。何因何故呢？如来说三十二种相状，也就是这样的并无相状，只是取名三十二种相状。"

"须菩提，假如有善男善女们以恒河沙之多的身体、性命来供奉善事，假如又有人在这部经书中，甚至只是领受和修持四句偈语，并为他人传讲，这人的福分就丰盛有余②了。"

注　释

①三十二种相状：根据佛典记载，佛有三十二种殊胜妙极的长相，具体的说法，各经所述都有所不一，但大同小异，详细可查考《大智度论》卷四的记载。

②丰盛有余：与前者之类的供奉善事相比，领会经文义旨、按经文义旨而操练，并为他人传讲，如此之类的福分才是享有永恒并惠及众生的，所以佛说：这人的福分丰盛有余！

古译本原文

第十三品　如法受持分

尔时，须菩提白佛言："世尊，当何名此经，我等云何奉持？"

佛告须菩提："是经名为《金刚般若波罗蜜》，以是名字，汝当奉持。所以者何？须菩提，佛说般若波罗蜜，即非般若波罗蜜，是名般若波罗蜜。

"须菩提，于意云何？如来有所说法不？"

须菩提白佛言："世尊，如来无所说。"

"须菩提，于意云何？三千大千世界所有微尘，是为多不？"

须菩提言："甚多，世尊。"

"须菩提，诸微尘，如来说非微尘，是名微尘。如来说世界，非世界，是名世界。

须菩提，于意云何？可以三十二相见如来不？"

"不也，世尊。不可以三十二相得见如来。何以故？如来说三十二相，即是非相，是名三十二相。"

"须菩提，若有善男子善女人以恒河沙等身命布施，若复有人于此经中，乃至受持四句偈等，为他人说，其福甚多。"

第十四章

经　文

　　那时，须菩提听到这经书演说，已经深深解悟了本义趣向，就涕泪交加地悲泣着，回应佛说："稀奇少有的世尊啊，佛演说了如此深湛的经典，我从以往所得的观悟眼①都未曾听到过如此的经文！

　　世尊，如果再有人听到了这经书，信而清心、洁净，即显现实相，当知道这人便在成就第一稀奇少有的功德②。

　　世尊，这个'实相'，也就是这样的并无相状，所以如来演说而取名'实相'。

　　世尊，我今日听到了如此经典，信而解悟、领受和修持就不足为难。如果在未来世的后五百年③，期间有众生听到了这经书，信而解悟、领受并修持，这人可就成为第一稀奇少有了！何因何故呢？这样的人已经没有了我相状，没有了人相状，没有了众生相状，没有了寿命相状。原因何在呢？我相状，也就是这样的并无相状。人相状、众生相状、寿命相状，也就是这样的并无相状。何因何故呢？脱离一切的种种相状，也就是取名众佛了。"

　　佛告诉须菩提："是的！是的！如果再有人听到了这经书不惊恐、

不疑惧、不畏缩，就当知道这人是极为稀奇少有的。何因何故呢？须菩提，如来说了第一波罗蜜④，也就是并无第一波罗蜜，只是取名第一波罗蜜。

须菩提，忍辱波罗蜜⑤，如来说了并无忍辱波罗蜜，只是取名忍辱波罗蜜。何因何故呢？须菩提，就如我以前曾被歌利王⑥割截身体，我于那时已没有了我相状，没有了人相状，没有了众生相状，没有了寿命相状。何因何故呢？我于以往的昔在被节节肢解时，如果还有我相状、人相状、众生相状、寿命相状，便应该产生嗔恨了。

须菩提，再想想过去于五百个世代作为忍辱仙人⑦，在那等世代也都没有我相状，没有人相状，没有众生相状，没有寿命相状。也因此，须菩提，菩萨应该离弃一切相状，发出正定正觉入善境界的心，而不该入住形色生出心来，不该入住声、香、味、触、法生出心来，应该生出无所入住的心。如果心有所住，也就成为并无入住。所以佛说菩萨的心，不该入住形色而供奉善事。

须菩提，菩萨为了一切众生利益的缘故，应该如此供奉善事。如来说一切种种的相状，也就是这样的并无相状。又说一切众生，也就是并无众生。

须菩提，如来是说真话的，说实话的，讲比喻的，不说虚妄的，不奇谈怪论的。

须菩提，如来所得之法，这样的法没有虚实之辨。

须菩提，如果菩萨的心入住于法，而操炼供奉善事，正像人进入黑暗，也就无所看见了。如果菩萨的心不入住于法，而操炼供奉善事，正像人有眼目，日光照亮，就看清楚一切了。

须菩提，将来的世代，如果有善男善女们能够从这部经书中领受修持，朗读传诵，也就会成为如来。凭着佛智慧就完全知道这样的人，完全看见这样的人，都得以成就无量无边的功德。"

注 释

①观悟眼：原译"慧眼"，指祈祷修行中已经能够达到正定正觉层面，能够破除了相状的那种观悟。

②功德：有助于"升华"，即通达天国彼岸的发奋用功，这样的"发奋用功"尤指能够做出包括精力、体力和物力等各方面的努力。《说文解字》：功，以劳定国也。意思是以发奋或豁出去的那种努力来确立和保障自身能够有份于永恒国度。

③后五百年：佛陀涅槃之后有三个传法时期，即正法（禅定坚固）、像法（寺庙坚固）和末法（斗诤坚固）时期，后五百年一般是指进入了末法时期之后的开始五百年。

④第一波罗蜜：波罗蜜，度入天国彼岸的意思；"度入彼岸"概括说来有六种方法，佛典称为"六度"，即布施、持戒、忍辱、精进、禅定、般若六波罗蜜；般若即正定正觉的智慧或观悟，被认为是"一切法门都从中流出"的佛法之母，是为其他五度的根本，所以"般若波罗蜜"又称为"第一波罗蜜"。

⑤忍辱波罗蜜：六度之一，指祈祷修行的过程中能够坚忍不拔，而不为是非荣辱的内在牵念及自然与社会的外部环境所动。

⑥歌利王：梵文Kali，又称"恶世的暴君"。据佛典记载，佛陀在过去世作为忍辱仙人的时代，歌利王当政，恶劣无道。一天，歌利王出游，

遇见在树下打坐的忍辱仙人。那些随侍的宫女便撇下歌利王，去仙人那里求法了。歌利王顿起恶念，过去质问仙人，并借机肢解了仙人的肢体。仙人却任凭割截，泰然自若。此时，狂风突起、暴雨如注，歌利王极为惊恐，祈求仙人饶恕，没想到仙人说："我不怪罪你，也没有愤恨和怨气。"随后身体就复原如初。歌利王从此悔改，皈依了佛门。这也是佛陀忍辱波罗蜜说的著名案例。

⑦忍辱仙人：佛陀在成佛之前，曾于五百个世代修行忍辱波罗蜜，"忍辱仙人"是那个阶段或时期的坚忍不拔的修道人的称号。

古译本原文

第十四品　离相寂灭分

尔时，须菩提闻说是经，深解义趣，涕泪悲泣，而白佛言："希有世尊，佛说如是甚深经典，我从昔来所得慧眼未曾得闻如是之经。世尊，若复有人得闻是经信心清净，即生实相，当知是人成就第一希有功德。世尊，是实相者，即是非相，是故如来说名实相。

世尊，我今得闻如是经典，信、解、受、持，不足为难。若当来世后五百岁，其有众生得闻是经信、解、受、持，是人则为第一希有。何以故？此人无我相，无人相，无众生相，无寿者相。所以者何？我相，即是非相。人相、众生相、寿者相，即是非相。何以故？离一切诸相，即名诸佛。"

佛告须菩提："如是！如是！若复有人得闻是经不惊、不怖、不畏，当知是人甚为希有。何以故？须菩提，如来说第一波罗蜜，即非第一波罗蜜，是名第一波罗蜜。

须菩提，忍辱波罗蜜，如来说非忍辱波罗蜜，是名忍辱波罗蜜。何以故？须菩提，如我昔为歌利王割截身体，我于尔时无我相、无人相、无众生相、无寿者相。何以故？我于往昔节节支解时，若有我相、人相、众生相、寿者相，应生嗔恨。

须菩提，又念过去于五百世作忍辱仙人，于尔所世无我相，无人相，无众生相，无寿者相。是故须菩提，菩萨应离一切相，发阿耨多罗三藐三菩提心，不应住色生心，不应住声、香、味、触、法生心，应生无所住心。若心有住则为非住，是故佛说，菩萨心不应住色布施。须菩提，菩萨为利益一切众生，应如是布施。如来说一切诸相，即是非相。又说一切众生，即非众生。

须菩提，如来是真语者，实语者，如语者，不诳语者，不异语者。

须菩提，如来所得法，此法无实无虚。须菩提，若菩萨心住于法而行布施，如人入暗，即无所见。若菩萨心不住法而行布施，如人有目，日光明照，见种种色。

须菩提，当来之世，若有善男子善女人能于此经受、持、读、诵，即为如来。以佛智慧悉知是人，悉见是人，皆得成就无量无边功德。"

第十五章

经 文

"须菩提，假如有善男善女们在上午用恒河沙之多的身体来供奉善事，中午再用恒河沙之多的身体来供奉善事，下午也用恒河沙之多的身体来供奉善事，像那样无量、百千万亿劫①时间的用身体来供奉善事；又如果有人听见这部经典，信心不可逆转，这福分就胜于那样了。何况还书写出来、领受修持、阅读朗诵，为他人作解说呢！

须菩提，总而言之，这经书有不可思议、不可计量、无边无际的功德，是如来为发大乘②愿的人说的，为发最上乘愿的人说的。如果有人能够领受、修持、朗读、传诵，广泛地为他人演说，如来就完全知道这样的人、完全看见这样的人，都得以成就不可量、不可数、没有边际、不可思议的功德。像这样的一些人，也就是专为承担如来正定正觉入善境界的。何因何故呢？须菩提，假如爱好入世小法的人，执着于我观念、人观念、众生观念、寿命观念，那么对于这部经文就不能听而领受，阅读朗诵，为他人讲解和演说了。

须菩提，在任何时候和任何地方，如果有这部经书，凡是时空界的升华之灵、人类、待升之灵都应该来供之养之。要知道此处即宝塔所在，都应该恭恭敬敬来围绕礼拜，而把各种花香撒在这里。"

注　释

①劫：梵文 Kalpa，指一千六百七十九万八千年之多的长年累月的时间，而且这还是小劫。合二十个小劫算为一中劫，合四个中劫，也就是佛典通常所说"成、住、坏、灭"的四个阶段，才算为一大劫。

②大乘：指祈祷修行中，以真光和天国为宗旨，而有助于完全舍己、获得正定正觉的方便。经文中，"大"是指天国那样的大；遵行经文义旨、能够度入天国彼岸的，也称为"大"。"小"是指宇宙或宇宙事物那样的小；背道而行、只能局限于宇宙或宇宙事物的，也称为"小"。例如，佛典《楞严经》第二卷，就把天国比喻为"澄清百千大海"的"大"，而宇宙万物就只是"一浮沤体"，即"一小水泡"的"小"。《圣经·马太福音》第 5 章 18～19 节，就把"遵行神旨意"的称为"大"，把背道而行的称为"小"。所以，相对于"大乘"的所谓"小乘"，也就是指祈祷修行中，以自我为宗旨，而有助于获得各种本领，尤其是超能本领的方便。

第十五品　持经功德分

"须菩提，若有善男子善女人初日分以恒河沙等身布施，中日分复以恒河沙等身布施，后日分亦以恒河沙等身布施，如是无量百千万亿劫以身布施；若复有人闻此经典，信心不逆，其福胜彼。何况书写、受、持、读、诵，为人解说。

须菩提，以要言之，是经有不可思议、不可称量、无边功德。如来为发大乘者说，为发最上乘者说。若有人能受、持、读、诵，广为人说，如来悉知是人，悉见是人，皆得成就不可量、不可称、无有边、不可思议功德。如是人等，则为荷担如来阿耨多罗三藐三菩提。何以故？须菩提，若乐小法者，著我见、人见、众生见、寿者见，则于此经，不能听、受、读、诵，为人解说。

须菩提，在在处处若有此经，一切世间天、人、阿修罗所应供养。当知此处即为是塔，皆应恭敬，作礼围绕，以诸华香而散其处。"

第十六章

经　文

　　"再还有，须菩提，假如善男善女们领受、修持、朗读和传诵这部经书，如果仍被人轻视、作贱，这样的人虽前世罪业①应该坠落恶处所②，也因着今世被人轻视、作贱，前世罪业便消除灭尽，而得以正定正觉入善境界了。

　　须菩提，想想过去无量无数劫的时间，在然灯佛之前，我曾得遇八百四千万亿倍数的各位佛，全都供养服侍了，没有疏忽过一位的。如果再有人在后来的世代能够领受、修持、朗读和传诵这部经书，所得功德，以我供养那么多位佛的功德，也不及这百分之一，千分、万分、亿分之一，甚至算数比喻也无法可及。

　　须菩提，如果善男善女们在后来的世代有领受、修持、朗读和传诵这部经书的，所得功德，我如果全说出来，或许有人听见，心就狂乱，会狐疑不信了。

　　须菩提，要知道这些经文义旨是不可思议的，果效回报也是不可思议的。"

注　释

①罪业：指必然导致恶报的行为或造作，又称为"恶业"。佛经所指出的"罪业"，有特别与祈祷修行关联的"五恶业"：杀生、偷盗、邪淫、妄语、饮酒，也有泛指日常生活中的"十恶业"：杀生、偷盗、邪淫、妄语、两舌、恶口、绮语、贪欲、嗔恚、邪见。

②恶处所：原译"恶道"，即"恶趣"，与"善处所"对称。指当世造作恶业，而后世趋往苦恶的处所，具体有畜生、饿鬼处、地狱。三类恶处所中的地狱也译为"苦所"，为恶业众生受报、受苦、受煎熬与折磨的所在。

古译本原文

第十六品　能净业障分

"复次，须菩提，若善男子善女人受、持、读、诵此经，若为人轻贱，是人先世罪业应堕恶道，以今世人轻贱故，先世罪业则为消灭，当得阿耨多罗三藐三菩提。

须菩提，我念过去无量阿僧祇劫，于然灯佛前，得值八百四千万亿那由他诸佛，悉皆供养承事，无空过者。若复有人于后来世能受、持、读、诵此经，所得功德，于我所供养诸佛功德，百分不及一，千、万、亿分，乃至算数譬喻所不能及。

　　须菩提，若善男子善女人于后来世有受、持、读、诵此经，所得功德我若具说者，或有人闻，心则狂乱，狐疑不信。

　　须菩提，当知是经义不可思议，果报亦不可思议。"

第十七章

经　文

那时，须菩提问佛说："世尊，善男善女们发了正定正觉入善境界的心，怎样才该入住，怎样降服己心呢？"

佛就告诉须菩提："善男善女们发了正定正觉入善境界心的，当怀如此之心：我应该灭度一切众生，但灭度一切众生了，也没有任何众生是实际灭度的。

何因何故呢？须菩提，如果菩萨还有我相状、人相状、众生相状、寿命相状，也就并非是菩萨了。原因何在呢？须菩提，实际并没有法，才发正定正觉入善境界心的。

须菩提，想想为什么？如来在然灯佛那里，还有法得以正定正觉入善境界吗？"

"没有，世尊。就我理解佛所说的本义，佛在然灯佛那里已经没有法了，才得以正定正觉入善境界。"

佛说："是的！是的！须菩提，实际已经没有法了，如来才得以正定正觉入善境界。

须菩提，如果还有法，如来得以正定正觉入善境界的，然灯佛

也就不会为我预表：你在来世必将成佛，尊号'释迦牟尼^①'。因实际已经没有法了，才得以正定正觉入善境界，所以然灯佛会为我预表，作此宣言：你在来世必将成佛，尊号'释迦牟尼'。

何因何故呢？'如来'，也就是种种法反映本义^②。如果有人要说'如来得以正定正觉入善境界了'，须菩提，实际已经没有法，佛才得以正定正觉入善境界。

须菩提，如来所成就的正定正觉入善境界，在此之中，已经没有了虚实之辨。也因此，如来演说的一切法全都是成佛之法。

须菩提，所谓的'一切法'，也就是并无一切法，才所以取名一切法。

须菩提，就比如人身体长得高大吧。"

须菩提说："世尊，如来说人身体长得高大，也就因为并无高大身体，只是取名高大身体。"

"须菩提，菩萨也一样，如果这么宣称：我要灭度无数众生，就不能叫作菩萨了。何因何故呢？须菩提，实际已经没有法了，才取名为菩萨。也因此，佛说的一切法都没有我，没有人，没有众生，没有寿命。

须菩提，如果菩萨这么宣称：我要庄严佛土，那就不叫作菩萨了。何因何故呢？须菩提，如来所说'庄严'佛土，也就是并无庄严，只是取名庄严。

须菩提，如果菩萨而通达了无我之法的，如来说这才叫作真菩萨。"

注　释

①释迦牟尼：即"仁爱而舍己成佛"的尊号。参佛教界圆瑛法师《金刚经讲义》的解释："释迦此云能仁，姓也；牟尼此云寂默，名也。上属悲德，下乃智德。如来智悲并运，从因克果，故得此号。能仁者，能以仁慈普覆众生，即上文所谓'所有一切众生之类，我皆令入无余涅槃而灭度之'。寂默者，宴默安住无为，即上文所谓'不住色布施，不住声、香、味、触、法布施'。"

②反映本义：也可说是示现真貌。详见本书第二章里有关于"如来"的注释。

古译本原文

第十七品　究竟无我分

尔时，须菩提白佛言："世尊，善男子善女人发阿耨多罗三藐三菩提心，云何应住？云何降伏其心？"

佛告须菩提："善男子善女人发阿耨多罗三藐三菩提者，当生如是心：我应灭度一切众生，灭度一切众生已，而无有一众生实灭度者。何以故？须菩提，若菩萨有我相、人相、众生相、寿者相，则非菩萨。所以者何？须菩提，实无有法，发阿耨多罗三藐三菩提心者。

须菩提，于意云何？如来于然灯佛所，有法得阿耨多罗三藐三菩提不？"

"不也，世尊。如我解佛所说义，佛于然灯佛所，无有法得阿耨多罗三藐三菩提。"

佛言："如是！如是！须菩提，实无有法如来得阿耨多罗三藐三菩提。须菩提，若有法得阿耨多罗三藐三菩提，然灯佛则不与我授记：'汝于来世，当得作佛，号释迦牟尼。'以实无有法，得阿耨多罗三藐三菩提。是故然灯佛与我授记，作是言：'汝于来世，当得作佛，号释迦牟尼。'

何以故？如来者，即诸法如义。若有人言，'如来得阿耨多罗三藐三菩提'，须菩提，实无有法，佛得阿耨多罗三藐三菩提。

须菩提，如来所得阿耨多罗三藐三菩提，于是中无实无虚，是故如来说一切法皆是佛法。

须菩提，所言一切法者，即非一切法，是故名一切法。须菩提，譬如人身长大。"

须菩提言："世尊，如来说人身长大，即为非大身，是名大身。"

"须菩提，菩萨亦如是。若作是言：'我当灭度无量众生'，则不名菩萨。何以故？须菩提，无有法名为菩萨。是故佛说，一切法无我，无人，无众生，无寿者。

须菩提，若菩萨作是言：'我当庄严佛土'，是不名菩萨。何以故？如来说庄严佛土者，即非庄严，是名庄严。

须菩提，若菩萨通达无我法者，如来说名真是菩萨。"

第十八章

经 文

"须菩提，想想为什么？如来有肉眼[①]吗？"

"是这样的，世尊，如来有肉眼。"

"须菩提，想想为什么？如来有天德眼吗？"

"是这样的，世尊，如来有天德眼。"

"须菩提，想想为什么？如来有观悟眼吗？"

"是这样的，世尊，如来有观悟眼。"

"须菩提，想想为什么？如来有法眼吗？"

"是这样的，世尊，如来有法眼。"

"须菩提，想想为什么？如来有佛眼吗？"

"是这样的，世尊，如来有佛眼。"

"须菩提，想想为什么？就如恒河中所有的沙砾，佛说的是沙砾吗？"

"是这样的，世尊，如来说的是沙砾。"

"须菩提，想想为什么？就如一恒河中的全部沙砾，有这些沙砾之多的恒河，以及所有这些恒河沙数的佛世界，像这样可算为多吗？"

“太多了，世尊。”

佛告诉须菩提：“那么多国土之中，所有众生的各样心态，如来完全知晓。何因何故呢？如来说的种种心，全都是无心，只是取名为心。原因何在呢？须菩提，过去的心无可拥有，现在的心无可拥有，未来的心无可拥有。”

注　释

①肉眼、天德眼、观悟眼、法眼、佛眼：也就是本章所说的佛有五眼。肉眼：即能够看见现象的肉身之眼。天德眼：原译“天眼”，指祈祷修行中所获得的、向天国升华层面的看见。观悟眼：原译“慧眼”，指祈祷修行中，进入正定正觉层面的看见。法眼：人通过祈祷修行，进入正定正觉的高层次，也就具“种种法反映本义”的看见，即能够不受语言及意识障碍地识别并讲解“指向天国、反映天国”的一切规律和一切法，这便称之为法眼；人也有通过读经而获得天赋法眼的，如道成肉身的耶稣基督在十二岁那年，就已经具备通晓经文一切法的法眼（详见《圣经·路加福音》第2章42～50节）。佛眼：即天国彼岸之眼，指天国彼岸境界的那种看见。对“五眼”的理解可参读《六祖金刚经口诀》：“一切众生尽有五眼，为迷所覆，不能自见。故佛教除却迷心，即五眼开明。念念修行般若波罗蜜法，初除迷心，是为第一肉眼。见一切众生皆有佛性，起怜悯心，是名第二天眼。痴心不生，名为第三慧眼。执法心除，名为第四法眼。细惑永尽，圆明遍照，名为第五佛眼。”又说：“见色身中有法身，名为天眼。见一切众生各具般若性，名为慧眼。见性明澈，能所永除，一切佛法本来自备，名为法眼。见般若波罗蜜，能生三世一切法，名为佛眼。”

第十八品　一体同观分

"须菩提，于意云何？如来有肉眼不？"

"如是，世尊，如来有肉眼。"

"须菩提，于意云何？如来有天眼不？"

"如是，世尊，如来有天眼。"

"须菩提，于意云何？如来有慧眼不？"

"如是，世尊，如来有慧眼。"

"须菩提，于意云何？如来有法眼不？"

"如是，世尊，如来有法眼。"

"须菩提，于意云何？如来有佛眼不？"

"如是，世尊，如来有佛眼。"

"须菩提，于意云何？恒河中所有沙，佛说是沙不？"

"如是，世尊，如来说是沙。"

"须菩提，于意云何？如一恒河中所有沙，有如是等恒河，是诸恒河所有沙数佛世界，如是宁为多不？"

"甚多，世尊。"

佛告须菩提："尔所国土中，所有众生若干种心，如来悉知。何以故？如来说诸心，皆为非心，是名为心。所以者何？须菩提，过去心不可得，现在心不可得，未来心不可得。"

第十九章

"须菩提,想想为什么?假如有人以装满三千大千世界的七宝,用作供奉善事,这个人以这样的因缘[①],所得的福分多吧?"

"是的,世尊。此人以这样的因缘,所得的福分太多了!"

"须菩提,如果福德实有,如来就不说得到福德多了。因着福德并无的缘故[②],如来才说得到福德'多'了。"

①因缘:梵文 Hetupratyaya 的意译,指时空界所有事物成、住、坏、灭的起因和发展条件,其中,"因"是事物成、住、坏、灭的主因,"缘"是事物攀缘、延伸的辅因;相对于天国彼岸的"实际","因缘"也只是幻有中的概念,并无实义。参悟佛典《楞严经》卷二:"见见之时,见非是见,见犹离见,见不能及(笔者按:真见于识见之时,真见不是识见,真见尤其超越识见,为识见所不可及),云何复说因缘自然,及和合相?"以及"佛言:'阿难,我说世间诸因缘相,非第一义'。"

②因着福德并无的缘故："福德"是有助于"升华"，即通达天国的
福分，然而一旦到达天国的真实光景，也就并无福德这样的说法了。此
注可详见第八章的注释。

古译本原文

第十九品　法界通分分

"须菩提，于意云何？若有人满三千大千世界七宝，以用布施，是
人以是因缘，得福多不？"

"如是，世尊。此人以是
因缘，得福甚多。"

"须菩提，若福德实有，
如来不说得福德多。以福德无
故，如来说得福德多。"

第二十章

经 文

"须菩提，想想为什么？佛可以凭美满形体①来见识吗？"

"不行的，世尊。如来不该凭美满形体来见识。何因何故呢？如来说美满形体，也就是并无美满形体，只是取名美满形体。"

"须菩提，想想为什么？如来可以凭美满的种种相状来见识吗？"

"不行的，世尊。如来不该凭美满的种种相状来见识。何因何故呢？如来说种种相状的美满，也就是并无美满，只是取名种种相状的美满。"

注 释

①美满形体，以及种种相状的美满：神从"空虚混沌、渊面黑暗"造化出种种相状以及人类，这些都是"好"的，也就是美满的。但是这些"好"，或称为"美满"，全都是幻有中的造化或"反映"而已，宗旨是归回永恒生命的天国彼岸。所以，美满形体，以及种种相状的美满，也就是并无美满，只是取名美满，自然是万不可以当作"真"、

当作"实"来见识的。

古译本原文

第二十品　离色离相分

"须菩提，于意云何？佛可以具足色身见不？"

"不也，世尊。如来不应以具足色身见。何以故？如来说具足色身，即非具足色身，是名具足色身。"

"须菩提，于意云何？如来可以具足诸相见不？"

"不也，世尊。如来不应以具足诸相见。何以故？如来说诸相具足，即非具足，是名诸相具足。"

第二十一章

经 文

"须菩提，你别以为如来抱有这种理念：我要有所说法。切不可抱有这种理念！何因何故呢？如果人们宣称如来还有所说的法，也就在诽谤佛，是不能理解我所说的缘故了①。

须菩提，所谓说法，就是无法可说，只是叫作说法。"

那时，有灵感促使须菩提②问佛说："世尊啊，有相当多众生在未来的世代听到了传讲这样的法，会产生信心吗？"

佛说："他们并不是众生，也不是'非众生'③。何因何故呢？须菩提，众生众生，如来说并无众生，只是取名众生。"

注 释

①如果……所说的缘故了：由于宗教倾向，人们往往执着于经文字句的"法"，以至于形成世界性的各大宗教，诸如释迦牟尼教、穆罕默德教、犹太教，甚至旧约教、新约教，等等，殊不知经文"所说的法都不可形取、无可称道，既不是法也不是非法。原因何在呢？一切圣贤都因

着‘无为’之法而各有差别”（引自《金刚经》第七章），也正如《约翰福音》第 5 章 39～40 节，主耶稣说："你们查考经文，以为其中有永生，而这些都是见证我的，你们却不肯来我这里得享生命。"所以，佛在此再三表示："如果人们宣称如来还有所说的法，也就在诽谤佛，是不能理解我所说的缘故。"

②有灵感促使须菩提：原译"慧命须菩提"，此处指须菩提在当时这样的时刻有悟性感动，促使他提问。佛典中多次出现原译"慧命"的经义，有时也作为一些出家人进入高境界的尊号，因他们祈祷修行已到了常有悟性或灵性感动的，以"慧"为命的阶段。

③他们并不是众生，也不是"非众生"：此处可参读佛学界颇有义趣的一种解释——听法已听到这等程度了的众生，已非凡夫众生，是名慧解已开的菩萨，但这样的菩萨还修证未圆，并未成佛，所以也不能说他们就不是众生（引述自释大愿《金刚经学记》第 11 讲）。

古译本原文

第二十一品　非说所说分

"须菩提，汝勿谓如来作是念：我当有所说法。莫作是念！何以故？若人言如来有所说法，即为谤佛，不能解我所说故。

须菩提，说法者，无法可说，是名说法。"

尔时，慧命须菩提白佛言："世尊，颇有众生于未来世，闻说是法，生信心不？"

佛言:"须菩提,彼非众生,非不众生。何以故?须菩提,众生众生者,如来说非众生,是名众生。"

第二十二章

须菩提问佛说:"世尊,佛得了正定正觉入善境界,是为无所而得吗?"

佛回答:"是的!是的!须菩提,我于正定正觉入善境界,以至再无一点的法可以得,这就称为正定正觉入善境界[①]。"

①再无一点的法可以得,这就称为正定正觉入善境界:《圣经》里,道成肉身的耶稣基督已经印证了"只有神一位是善"。要跟从真道,进入永生,就必须天天操练舍己、背自己的十字架,以至任何一点的法都了无可得。也就是说,人类要入定于无,成为"清心的人",只有如此这般的正定正觉,人类才可以"必得见神",进入善境界。

第二十二品　无法可得分

须菩提白佛言:"世尊,佛得阿耨多罗三藐三菩提,为无所得耶。"

佛言:"如是!如是!须菩提,我于阿耨多罗三藐三菩提,乃至无有少法可得,是名阿耨多罗三藐三菩提。"

第二十三章

经 文

"再还有，须菩提，此法平等而没有高下，这就称为正定正觉入善境界①。以无我、无人、无众生、无寿命，修行一切至善的法②，也就得以正定正觉入善境界了。

须菩提，所讲述的'至善之法'，如来说并无至善之法，只是取名至善之法。"

注 释

①此法平等而没有高下，这就称为正定正觉入善境界：《圣经》中的施洗者约翰，集先知之大成，已经指出了善境界"只有一位是善"，即"道成肉身"的耶稣基督。耶稣基督自己也说了，"我就是道路、真理和生命"。《新约圣经》对于施洗者约翰在世间时所传所讲的道如此概括："悔改，天国就近了"（此经文依据《Nestle-Aland 新约圣经希腊原文第 27 版》翻译）。对于耶稣基督在世间时所传所讲的道也是如此概括："悔改，天国就近了"。由此可知，先知与神的讲道内容毫厘无差，是为"此法平等

而没有高下", 也因此取名正定正觉入善境界。

②以无我、无人、无众生、无寿命, 修行一切至善的法: 就是离一切相状、修一切善行, 以正定正觉的"般若"智慧, 如耶稣基督所印证的要天天操练"舍己、背自己的十字架", 以至完成"清心的人必得见神"这样的过程, 以此来供奉一切善事。

古译本原文

第二十三品　净心行善分

"复次, 须菩提, 是法平等, 无有高下, 是名阿耨多罗三藐三菩提。

以无我、无人、无众生、无寿者, 修一切善法, 即得阿耨多罗三藐三菩提。

须菩提, 所言善法者, 如来说即非善法, 是名善法。"

第二十四章

经　文

"须菩提，如果三千大千世界中所有各座宏伟庄严的须弥山，如此之多的七宝都聚在一起，有人都拿来用作了供奉善事；如果人们凭这部《般若波罗蜜经》，甚至只是四句偈语，而领受、修持、诵读，为他人演说；前者的福德就不及这样的百分之一，而且百分、千分、万分、亿分之一，以至算数比喻也无法可及[①]。"

注　释

①以至算数比喻也无法可及：须弥山作为世界中心，是终究归于无有的；"领受修持"就是从世界目标而转归天国，是得到永恒生命的；所以，在此是特别表明以世界为中心的所有一切财物，以至把这一切的财物都拿来用作供奉善事，也无可比拟"领受、修持、朗读，为他人演说"的福德。这一章所再次强调的"领受、修持、朗读，为他人演说"，可借着耶稣基督的教导来心领神会，因为道成肉身的耶稣向人类告白说："我就是道路、真理和生命"；人类要"天天舍己、背起自己的十字架来跟从

我”；"要等候在耶路撒冷，直到领受从上面来的能力"；"圣灵降临在你们身上，你们就必得着能力，并要在耶路撒冷、犹太全地和撒玛利亚，直到地极，作我的见证"。

古译本原文

第二十四品　福智无比分

"须菩提，若三千大千世界中所有诸须弥山王，如是等七宝聚，有人持用布施，若人以此《般若波罗蜜经》，乃至四句偈等，受、持、诵读，为他人说，于前福德，百分不及一，百、千、万、亿分，乃至算数譬喻所不能及。"

第二十五章

经　文

"须菩提，想想为什么？你们别都以为如来抱有这种理念：我应当普度众生。

须菩提，切不可抱有这种理念！何因何故呢？实际①是并没有众生由如来普度的。如果有众生由如来普度，如来就有了我、人、众生、寿命。

须菩提，如来说的'有我'，也就是并非有我，而凡夫俗子②的世人都以为有我。

须菩提，凡夫俗子，如来说的也就是并无凡夫俗子，只是取名凡夫俗子。"

注　释

①实际：指实在的真光明觉，即天国境界。

②凡夫俗子：梵文原译为"凡夫"，指眼见为实、还缺乏有天国彼岸觉悟的芸芸大众。

第二十五品　化无所化分

"须菩提，于意云何？汝等勿谓如来作是念：我当度众生。

须菩提，莫作是念！何以故？实无有众生如来度者。若有众生如来度者，如来则有我、人、众生、寿者。

须菩提，如来说有我者，即非有我，而凡夫之人以为有我。

须菩提，凡夫者，如来说即非凡夫，是名凡夫。"

第二十六章

经　文

"须菩提，想想为什么？可以凭三十二种相状认知如来吗？"

须菩提回答："是的！是的！凭三十二种相状认知如来①。"

佛说："须菩提，如果是凭三十二种相状认知如来，转轮圣王②也就是这样的如来了。"

须菩提对佛说："世尊，就我理解佛所说的本义，不该凭三十二种相状认知如来。"

那时，世尊就说了偈语：

"如果凭形色来见识我，

凭发音和声响来求告我，

这人是行邪道，

便不能见识如来。"③

注 释

①是的！是的！凭三十二种相状认知如来：在前面的第十三章中佛问了"须菩提，想想为什么？可以凭三十二种相状认知如来吗？"，须菩提认为是问到"法身佛"即佛的真性，所以就回答否定了。在本章，佛又问到这同样的问题，须菩提认为是问到"化身佛"即佛的化身，所以就回答肯定了。其实，佛正是要借此答问更进一步向人类启示不可以凭相状认知如来的真理。

②转轮圣王：梵文 Cakravartiraja，也称为"转轮圣帝"，意思是拥有转轮之航天航空能力的圣帝王。据记载，这样的圣帝王出世时，一般都具有三十二种美满相状，以及长寿、无疾病、拥有丰富的宝藏。在他统治下的国土和人民也是美丽富饶、祥和安乐。

③如果……见识如来：此偈语可参悟《华严经》中的一段话："色身非是佛，音声亦复然，不了彼真性，是人不见佛。"

古译本原文

第二十六品　法身非相分

"须菩提，于意云何？可以三十二相观如来不？"

须菩提言："如是！如是！以三十二相观如来。"

佛言："须菩提，若以三十二相观如来者，转轮圣王即是如来。"

须菩提白佛言："世尊，如我解佛所说义，不应以三十二相观如来。"

尔时，世尊而说偈言：

"若以色见我，

以音声求我，

是人行邪道，

不能见如来。"

第二十七章

经 文

"须菩提，你也许抱有这种理念：如来是不凭借美满相状，而得以正定正觉入善境界的。须菩提，切不可抱有这种理念：如来是不凭借美满相状，而得以正定正觉入善境界的^①！

须菩提，你也许抱有这种理念：发心于正定正觉入善境界的，会以为种种法是断绝灭空^②，切不可抱有这种理念！何因何故呢？发心于正定正觉入善境界的，关于法，就已经否认了断绝灭空相状。"

注 释

①《圣经·创世记》已印证了神所造化的宇宙万物都是"好"，即"美满相状"。安息日的来历也已印证了宇宙万物之"好"，好就好在为众生搭建了"正定正觉入善境界"的平台。详细可参读本书《解字：经文辨读篇》里的《由"恨"字了义的人类核心价值观——解读与分享圣经文字的微言大义》。

②断绝灭空：原译"断灭"，意思相当于人们通常所说的"一了百了"。

断绝灭空的狭义含意，即认为人死灯灭，就什么都不存在了；广义含意，即认为时空消灭，就什么都不存在了。这种理念与经文理念是完全背道而驰的。读者可参悟《圣经·希伯来书》第9章27节："按着定命，人人都有一死，死后且有审判"；参悟佛经《圆觉经》第1章："幻身灭故，幻心亦灭，幻心灭故，幻尘亦灭，幻尘灭故，幻灭亦灭，幻灭灭故，非幻不灭。"

古译本原文

第二十七品　无断无灭分

"须菩提，汝若作是念：如来不以具足相，故得阿耨多罗三藐三菩提。须菩提，莫作是念：如来不以具足相，故得阿耨多罗三藐三菩提。

须菩提，汝若作是念：发阿耨多罗三藐三菩提心者，说诸法断灭，莫作是念！何以故？发阿耨多罗三藐三菩提心者，于法，不说断灭相。"

第二十八章

经 文

"须菩提，假如菩萨以装满恒河沙之多的世界七宝来供奉善事，又如果有人懂得一切的法并无自我，而得以成就安忍不拔，这样的菩萨就胜于前者菩萨所得的功德了。何因何故呢？须菩提，就由于菩萨们是不收受福德的[①]。"

须菩提问佛说："世尊，菩萨为什么不收受福德呢？"

"须菩提，菩萨所作的福德，不该贪图和执着，也因此说不收受福德。"

注 释

①读者可参悟第四章中的大意："东、南、西、北方，以及前、后、左、右、上、下的虚空既不可估量，菩萨不入住相状地供奉善事，福德也将如此不可估量。"可由此比较佛又在本章中所说的大意：菩萨如果收受福德，即贪恋和执着于相状，就不能入住于"无"，得着无限而永恒的福德性了。

第二十八品　不受不贪分

"须菩提，若菩萨以满恒河沙等世界七宝布施，若复有人知一切法无我，得成于忍，此菩萨胜前菩萨所得功德。何以故？须菩提，以诸菩萨不受福德故。"

须菩提白佛言："世尊，云何菩萨不受福德？"

"须菩提，菩萨所作福德，不应贪著，是故说不受福德。"

第二十九章

经 文

"须菩提，如果有人宣称'如来或来、或去、或坐、或卧'，这样的人并不理解我所说的本义。何因何故呢？'如来'，既无所从来，也无所去，所以取名如来①。"

注 释

①如来：也就是如实之来，详见本书第二章注释②。佛之所以说法而来，做打坐表率，圆寂，离我们而去，所有的这些都只是化身而为，宗旨是要引领人类通达真光明觉的实际，即天国彼岸。佛在实际上并无化身之为，是"无所从来、也无所去"，所以就取名如来，即反映真貌的如实之来。

第二十九品　威仪寂净分

"须菩提，若有人言'如来若来、若去、若坐、若卧'，是人不解我所说义。何以故？如来者，无所从来，亦无所去，故名如来。"

第三十章

经　文

"须菩提，如果善男善女们把三千大千世界碾碎为微尘，想想为什么？这样的微尘数量可算为多吧？"

须菩提回答："太多了，世尊。何因何故呢？如果这些微尘众多是实有的，佛也就不会说这些微尘众多了。原因何在呢？佛说微尘众多，也就是并无微尘众多，只是取名微尘众多。

世尊啊，如来所说三千大千世界，也就是并无世界，只是取名世界。原因何在呢？如果世界实有，也不过是这么一综合相状①。如来说一综合相状，也就是并无一综合相状，只是取名一综合相状。"

"须菩提，'一综合相状'，也就是如此的无可称道，然而凡夫俗子的世人都贪图和执着在这样的事上。"

注　释

①如果世界实有，也不过是这么一综合相状：假设世界是实有的，也不过是由微尘，即微粒如光子、质子、中子、电子等的聚合，并且由众缘

交织而成的一综合相状。但是这样的"一综合相状",其实质只是幻有而已。"一综合相状",原译为"一合相",参读《华严经大疏演义钞》:"一合相者,众缘和合故。揽众微以成于色,合五蕴等,以成于人,名一合相。"

古译本原文

第三十品　一合理相分

"须菩提,若善男子善女人以三千大千世界碎为微尘,于意云何?是微尘众宁为多不?"

"甚多,世尊。何以故?若是微尘众实有者,佛则不说是微尘众。所以者何?佛说微尘众,即非微尘众,是名微尘众。

世尊,如来所说三千大千世界,即非世界,是名世界。何以故?若世界实有,即是一合相。如来说一合相,即非一合相,是名一合相。"

"须菩提,一合相者,即是不可说。但凡夫之人贪著其事。"

第三十一章

经 文

"须菩提，人如果宣称，'佛也说了我观念、人观念、众生观念、寿命观念。'须菩提，想想为什么？这个人已经理解我所说的本义吗？"

"没有，世尊。这个人并未理解如来所说的本义。何因何故呢？世尊说的我观念、人观念、众生观念、寿命观念，也就是并无我观念、人观念、众生观念、寿命观念，只是取名我观念、人观念、众生观念、寿命观念。"

"须菩提，发心于正定正觉入善境界的，在一切的法上都应该如此知晓、如此见识、如此信证解悟，便不会产生法相状。

须菩提，所讲到的'法相状'，如来说的也就是并无法相状，只是取名法相状[①]。"

注　释

①……并无法相状，只是取名法相状。第三十一章是归纳和重申整部经书的大义：

1）一切法都只是发心于入善境界人类的权宜和方便，都是指向无幻有之实在的；

2）一切法都只是作为启示和指点天国路径的标牌，人类既知晓而修行前往天国彼岸，就可不再拘泥于"标牌"而止步不前了；

3）人类在一切的法上都能够如此知晓、如此见识、如此信证解悟，便不会产生拿标牌当作目的地的"法相状"了。

上述是人类正定正觉入善境界，也就是进入天国彼岸的正解所在。

古译本原文

第三十一品　知见不生分

"须菩提，若人言，'佛说我见、人见、众生见、寿者见。'须菩提，于意云何？是人解我所说义不？"

"不也，世尊，是人不解如来所说义。何以故？世尊说'我见、人见、众生见、寿者见'，即非我见、人见、众生见、寿者见，是名我见、人见、众生见、寿者见。"

"须菩提，发阿耨多罗三藐三菩提心者，于一切法应如是知，如是见，如是信解，不生法相。

　　须菩提，所言法相者，如来说即非法相，是名法相。"

第三十二章

经　文

"须菩提，如果有人以装满无量无数个世界的七宝，拿来用作供奉善事，如果有善男善女发了觉悟心的，秉持这部经书，甚至只有四句偈语而领受、修持、朗读、传诵，并为他人演讲解说，这些人的福分便胜过前者。

要如何为他人演讲解说呢？不取决于那相状的，如实反映那不改动的①！何因何故呢？

'一切有为作法，

都如梦幻泡影，

像晨露，也像闪电，

应操作如此的观悟②。'"

佛说了这部经书之后，长老须菩提，以及众出家弟子、女弟子、居士、女居士，和一切在时空界的升华之灵、人类、待升之灵，他们听到了佛所说的，都皆大欢喜，并且信而领受，奉持修行。

注　释

①不取决于那相状的，如实反映那不改动的：原译"不取于相，如如不动"。此经文可参悟耶稣基督在《路加福音》第 16 章 17 节（此据《Nestle-Aland 新约圣经希腊原文第 27 版》翻译）所说的"天地废去，比律法的一点一划落空还容易"，因为律法的一点一划都反映和指向亘古不变之道，是终究不会落空的。然而，宇宙万物纯属相状，是终究要废去的。所以，"不取决于那相状的，如实反映那不改动的"，这样就可以随时随地为所有的人们传讲福音。

②如此的观悟：祈祷中能够舍己，即放下一切之后的看见。此经文可参悟《心经》开始的一段话："观自在菩萨行深般若波罗蜜多时，照见五蕴（色、受、想、行、识）皆空，度一切苦厄。"此处的观悟，即"清心的人，必得见神"而成就的看见，这样的"看见"应该都是有渐进过程的。主耶稣在《四福音书》中印证："如果有人要跟从我，就当舍己，天天背起自己的十字架来跟从我。"祈祷而舍己，从神怜悯的角度来看，正如主耶稣所说："我的轭是容易的，我的担子是轻便的。"但是，从人本性的角度来看，祈祷而舍己却是比死还难的极重负担，连专门研究神学、佛学经典的经学家、教法师们也是"说而不做，把艰难的重担转嫁在众人肩上，自己却一点也不肯承担这些"的。所以，主耶稣以"背起自己的十字架"来印证舍己，教导人类要天天操练"背起自己的十字架"，唯有如此才能跟从"道成肉身"的神，从而实现"见神"的观悟，也由此而印证了佛在此说出的微言大义。

第三十二品　应化非真分

　　"须菩提，若有人以满无量阿僧祇世界七宝，持用布施。若有善男子善女人发菩提心者，持于此经，乃至四句偈等，受、持、诵，为人演说，其福胜彼。

　　云何为人演说？

　　不取于相，如如不动。

　　何以故？

　　'一切有为法，

　　如梦幻泡影，

　　如露亦如电，

　　应作如是观。'"

　　佛说是经已，长老须菩提及诸比丘、比丘尼、优婆塞、优婆夷，一切世间天、人、阿修罗，闻佛所说，皆大欢喜，信受奉行。

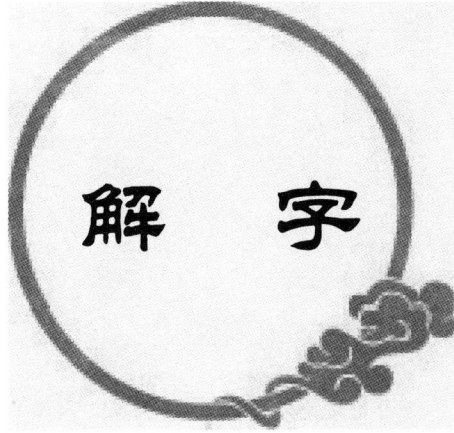

解字

经文辨读篇

"经文辨读"与人类文化的核心价值观

　　起源于西方的现代"经文辨读"这一研究方式在全球人文研究领域起着标杆作用，而中华民族本土的"经文辨读"专项研究，经过专家、学者的努力，也有了一些成果。但是，以"经文辨读"方式来寻找和发现中西方文化所共有的核心价值观的研究，我国的学术界，乃至世界的学术界，都还没有能够取得重大突破。也因此，有许多务实的，具有远见卓识的政治家们会认为文化将是未来世界的国际冲突之根源。

　　笔者一直从事《圣经》文化和东方文化研究，自 1997 年以来，笔者静心阅览东西方分别流传数千年、分别代表各自主流文化的经典著作，采用"经文辨读"方式，研究和发现了一项重要成果：东西方文化就其核心价值观而言是一脉相承的，中华文明的核心价值观也就是世界人类所共有的核心价值观。笔者以为这一研究成果已经初步成熟，可以向学界、向世人展示这项成果了。由于埋首于"经文辨读"领域的原文查考和翻译，笔者一直以来都缺乏与学界的深入交流，目前这一成果只可以说是笔者个人的研究和发现，所以特别希望能够在人文领域得到更多探讨、质疑、答辩、推广的机会，并且希望能透过一些窗口将这一研究成果展现出来。

2009年11月4~5日，笔者在杭州一次全国性的高层次宗教方面会议上了解到中国人民大学副校长杨慧林教授提交了"经文辨读"的论文报告。杨教授认为，"经文辨读"源自20世纪90年代初期的一群犹太学者所倡导的"文本辨读"。他们参较西方哲学，特别是犹太哲学家柯亨、马丁·布伯等试图跨越文化分野的思想，研读《圣经》和《塔木德》的篇章。对研究者而言，神学家所倡导的这种"经文辨读"，本是基督教神学的题中应有之义。其中对于一切自我封闭、自我诠释和"事先的信靠"之反省和消解，不仅是神学与人文学研究相互激发的根本基础，也可能是神学教育进入公共领域的直接入口。笔者还了解到，此前的10月16日，杨教授以中国人民大学基督教文化研究所所长身份做客国际学院（苏州研究院），带来了题为"经文辨读中的文化互译——理雅各翻译活动中的'道'与'Word'"的学术讲座。他通过研究理雅各的翻译活动，深入分析了"经文辨读"中存在的文化互释现象。理雅各于19世纪先后担任香港英华书院院长和英国牛津大学汉学教授，曾以传教士和汉学家的双重身份，参加了《圣经》"委办译本"的翻译工作，并且大规模成系统地译介了《易经》、《论语》、《道德经》等中国经典。理雅各以中文"道"翻译西文《约翰福音》之"圣言"（the Word），又在翻译《道德经》中，用"the Tao"直译"道"，这在东西方的"圣书"之间开辟了巨大的理解空间。这样的一种文化互释现象已经不再是单纯的西学东渐或中学西传，而是一种典型的文化互动。

虽然笔者只是读到了杨教授的论文或讲话摘要，却已经有一种佳音相传之感。事实上，笔者对中西文化的重要经典一直都在做"经文辨读"的研究工作。如果我们能够以《易经》、《德道经》、《佛经》（本文有三处提及，都是指释迦牟尼佛涅槃之前所讲述的几部重要经典，如《金刚经》、

《道行经》、《楞严经》和《法华经》），与作为西方文化源头的《圣经》来进行比较研究，就一定可以发现中华文明与西方文明都是同源于独一无二之道的。《圣经》是上帝特殊启示，作为基督教经典的。在《新约圣经》的《提摩太后书》第3章16节写道："全部《圣经》都是神所默示的，在教训、责备、矫正和公义的训练各方面，都是有益的，为要使属神的人装备好，可以完成各样的善工。"而作为中华文明摇篮的《易经》、《道德经》、《佛经》，几乎没有一个字不是用来阐明道存在、道默示、道于人有益的真理。我冀望于该研究领域的成果能够进入公共视野，力求与一些有诚信、有实力，且德高望重的研究机构合作，进而将"经文辨读"的成果和创新方式在更宽广的视野下，推广到更广阔的人类核心价值观研究领域中去。

一、东西方主流文化的核心价值观研究

什么是核心价值观？核心价值观是能够抛弃地域差别、不受种族影响，历经千万年而不变的文化内涵。这样的文化内涵，无论是对于西方还是东方，都是其主流文化一脉相承的。

笔者研究并发现的成果，可以用一句话来精炼：东西方文化一脉相承，人类文化共有一个核心价值。就东方文化的代表——中华文明而言，其核心价值观包含着创世以来永不更改的真理，而且这一永恒真理自古以来都是相通的，人类对这一真理的追求和期待向来都是一致的。笔者之所以能够通过"经文辨读"来研究中华文化的这一核心价值，恰恰是得益于中华民族上下五千年的历史，从中可以找到清晰、明确的原因和脉络：五千年的大国在世界史上单单为中华民族所独有。

从今天我们提出的和平崛起，到中国传统文化的核心价值被重视，中华民族足够强大，或许就是因为我们一直在寻找能够让我们和平崛起的真理凭据，而这真理凭据很可能就是人类文化的核心价值观。正如另一民族——以色列民族在世界文明史上的强大。因为以色列人曾经屡被打败，但始终作为一个独立的民族，不仅没有被彻底消灭，反而成为世界上最强大的民族之一，这里应该亦是文化内涵在起着关键作用。

从东方看西方，再从西方看东方，都是亘古不变的文化内涵起着核心价值作用。东西方文化就其本质而言，是一脉相承的。我们今天探讨这一核心价值，其意义在于，要向全世界展示中华文明的核心价值，并希望产生影响力，以助力于中国成为一个文明被发扬光大的强大国家，并依靠和平发展，和平崛起，更加具有全球影响力。

二、"经文辨读"的研究

历史上的"经文辨读"工作，早在孔子时代就已经开始了。孔子把当初用符号所表达的集文化之大成的传世作品《易经》，用文字准确无误地表达了出来。《易经》的起源已不可考，但据史载，在《周易》之前，尚有《连山易》和《归藏易》。至春秋战国时，已经没有多少人能够明白或读懂《易经》了。这部大书所表达的应该就是人类文明的核心价值。伟大的先贤孔子把当初的"世界各国"（主要指今天黄河流域各地）的先进文化发扬光大，并且融汇到《易经》里，集中华文化之大成，为我们中华民族承传了非常深远博大的中华文明标志性经典。因此，《易经》被称为"六经之首"的经中之经。

简单来说，《易经》主要包括三部分：

1. 大约距今五千多年前，伏羲发现了人类文明的核心价值，就用符号来表达，而这些符号是当时人类所能够理解的，并且也是那一时代可以准确无误地来理解的一种表达方式。

2. 在伏羲之后大约两千年，人们已经很难理解那些表达人类核心价值的符号了。周文王洞悉伏羲的符号，就在囚拘羑里期间准确无误地用文字注解了这些符号，以当时人们能够明白的文字表达了这些文明成果，即人类的核心价值。

3. 孔子所做的工作，是运用当初各国文化核心价值的研究成果，集当时文明社会对于核心价值的理解，准确无误地对符号与经文进行了再注解。

从《易经》的演进，我们发现，在今天，这样的"经文辨读"工作不是不能完成，而是可以重新使用现代文字准确无误地把经文所蕴涵的人类文明的核心价值完全表达出来。因为东西方世界的文化实质就是共同表达和承传人类文明的核心价值。比如，我们通过对老子《道德经》的"经文辨读"，就完全可以发掘出中华文明，乃至世界文明的核心价值：

1. 我们已经有专门技术能够根据马王堆发现的老子甲本、乙本残卷，准确无误地把老子《道德经》还原为最初所表达的古经原文。

2. 以"经文辨读"来发现东西方文化一脉相承的核心价值，通过人类文明标志性经典的互为印证手段，用到老子的经文注释里，尤其是通过对《圣经》原文的忠实理解，以及对比和诠释《佛经》的相关经文，与老子的《道德经》进行充分印证，使大家都明白这些经典所承传的核心价值是完全一致和从不更改的。因此，承传和弘扬文明的这个注解过程就像孔子当年所做《易经》的注解一样。今天，我们做这个工作，是把全球数千年以来的几个文化摇篮，全都融合在老子所阐述的"言有君，事有宗"的核心价值里。在这个过程中，当初的先贤们承传了人类的这一核心价值，而我们今人要把握好"跨文化研究和发现"的特殊机遇，毫不例外地承担起这一历史使命。

3. 运用在《圣经》翻译中最新发明的"不多一字，不少一字"的原则，把老子的古经原文以现代汉语准确无误地表达出来。

三、研究的意义

我们梳理出了人类文明的核心价值，并非需要用大量文字来表达，就如老子用五六千字把传统的文明表达出来，我们今天可以用五六万字把这一核心价值表达出来，发挥古往今来与承前启后的桥梁作用。而且，如此这般的"五六万字"，其所代表的意义更是非同寻常的。

1. 这是在人文领域，通过科学研究，梳理出人类所共有的核心价值，使得中华传统文明可以集世界主流文化之大成；

2. 这一研究成果可以揭示人类文明与发展的目标和方向；

3. 对于国内而言，则有助于提高中华民族的国民素质教育水平，有助于人们树立生活目标和人生指望，进而有助于促进社会稳定、实现长治久安；

4. 如果我们的研究成果被公众认为，就会吸引知名国际研究机构或高等院校与我们合作推广这一核心价值，这样我们本土的研究机构或者大学就有机会与它们在同一平台上交流、合作、对话，增强国际影响力。

人类命运的定向与核心价值观研究

老子在《德篇》第 35 章说"言有君，事有宗"，孔子在《系辞》（上）第 1 章说"天尊地卑，乾坤定矣"，又在《论语·仁篇》里说"吾道一以贯之"。老子和孔子论述的"君、宗、天、道"，至今已有两千多年了，虽称谓不同，却是"一以贯之"的永恒真道，启示我们决定人类命运的核心价值，即文明之光。

传承在世上的真道之所以能超越历史时空，贯穿于人类命运的核心价值观与人类永不止息地寻找和探求文明之光的过程，则是体现于人类"方以类聚"的命运指向，而从古至今未作丝毫更改。

近年来，我国一直倡导建立和谐社会。"和谐"是根植于中国文化和儒家传统的高尚概念，本是"甚易知，甚易行"的，然而人们对核心价值，即文明之光没有进行准确地认识，没有认以为真，以致"莫之能知也，莫之能行也"，使得传统的、决定人类命运的核心价值观被忽视，中华历史文化"厚以载德"的长久影响力未能得到充分体现。

笔者经过多年的潜心研究，关注到了"人类命运的定向与核心价值观研究"这一"经文辨读"课题的重大性和必要性，更是看到了中华历史文化的核心价值从未曾作任何改变，并作为根本性的真道一直贯穿于

人类命运的始终，决定着人类社会的长久发展与长治久安。

为此，笔者拟展现关乎人类命运的部分研究成果，呼吁众人将目光投向集中西文化之大成的老子《道德经》研究成果（知识产权）：一是为获得支持，保障精力与物力来继续进行深入的研究工作；二是抛砖引玉，希望引起各界的必要重视，力争在客观研究、不涉及政治与宗教争端的基础上，搭建良好的合作研究平台，打造国际先进的研究团队，集"国力"和众人智慧来整理、完善该成果，共同完成这一文明之光，即核心价值观的传承工作。

一、研究背景

一个多元的社会，人无论有多少种活法，都不会放弃追求得体的、有指望的生活；人无论有多少种命运，都不会放弃对生命永恒价值的探求。

然而，当前社会存在各种矛盾，不同利益群体之间也有各种利益冲突，其深层次的问题就是人们把这个"现实世界"当作生存的宗旨和目标，却漠视了永恒生命的意义，有些人穷极无聊、沉浸在奢华极欲中，也有些人怨天尤人，行事迷茫。如此，他们不但对当下感到困惑，对未来也陷入绝望之中。这类矛盾，绝不是凭借武器尖端、经济发展和科技进步可以解决得了的。解决深层次矛盾的关键在于人类都能清楚地认知有永恒生命的信仰与指望，并且能看到所有人，无论穷富贵贱，都可以享有永恒的幸福与尊严，正如先哲孔子所说的"穷则独善其身，达则兼济天下"。作为六经之首的《周易》从开篇就刻录了"元、亨、利、贞"，指出我们人类只有对"元"即永恒不变的真光与生命之源，进行"亨"通领悟，才有"利"于解决"使人类都有永生指望"的难题。其中的"贞"

字，是烤灼龟贝、求得正解的意思，象征了人类通过恒"德"，即耶稣基督所说"天天背起十字架"那样的祈祷锻炼，直至生命得享永恒的正果。所以，让本始之"元"的真光，即文明之光与生命之光，在人类世界传扬，成为大家的一致目标、共同期望。

二、决定人类命运的文明之"光"

西方文明的源头——古希伯来文经典《圣经》，在《诗篇》第119篇130节说："你的言语一解开，就发出亮光，使愚人通达。"其中的"光"字，在甲骨文里是 𤇾，其下半部分是人跪着祈祷的状态，上半部分表示人祈祷着直到发出亮光，并与神光合而为一，这就是永恒生命的状态了。无独有偶，代表中华历史文化的《易经》、《道德经》以及《佛经》，都与《圣经》这般的具体指向全然一致，都是指着人类生命的永恒价值而言的。𤇾 就是人得到永恒生命的形象表达和具体指向，是人类借着对真光的认知而通往永生的道路、真理和生命。"光"的如此范畴和意义，即被称为是决定人类命运的"核心价值观"。

今天，行在这世上的真理之光和文明之光，其实质就是让人类都有指望，能够生活在幸福而有尊严的永恒国度里，这样的核心价值观是很容易理解的。但是正如先哲老子在《德篇》第35章中所言："吾言甚易知也、甚易行也。天下莫之能知也、莫之能行也。"这句话非常明白地说明了人类的核心价值观是很容易理解，也很容易实行的，然而人们却远没有理解，远没有实行，以致两千多年来我们的社会远远没有达到人人都有指望的目标，眼下的现实社会和老子、孔子等先行、先知者所倡导的社会预期也有距离。

三、核心价值观与关乎人类命运吉凶的见仁见智

既然《圣经》提到人类文明进程的"亮光",可以使人得到通达永生的智慧,那么是否可以说人类的共同指望就是为了享有这样的"生命之光"呢?解决社会深层次矛盾的焦点是否应该聚集在这"亮光"之上呢?

为探究真理永恒的文明之光,探讨和发现人类的共同命运,传承人类文化的核心价值观,首先要解决的问题就是关乎人类命运的何谓"吉"、何谓"凶"。《易经》的概要解说,即《系辞》(上)第 1 章第 1 段:"天尊地卑,乾坤定矣。卑高以陈,贵贱位矣。动静有常,刚柔断矣。方以类聚,物以群分,吉凶生矣。在天成象,在地成形,变化见矣。"这段话,已经对于人类命运的"吉凶"问题作出了精准、细致而扼要的阐述。然而历代的经学家和政治家们,尤其是当今诸多专家、学者们对于"方以类聚,物以群分,吉凶生矣"中的"吉凶"含义并未能有深刻的见解。

北京师范大学国学教授于丹对此的讲解是:"同样类别的东西会聚在一起,不同群组的事物会分途发展,这样就产生了吉与凶。"(取自《于丹解读〈易经〉》)事实上,"方以类聚"原本讲的是作为吉祥的"聚",而"物以群分"讲的是作为凶祸的"分",层次本来非常清楚。如果按于丹教授所说的理解,显然何"吉"、何"凶"的概念就混淆不清了,因为同样类别的东西聚在一起,是有"吉"有"凶",而不同事物的分途发展,也是有"吉"有"凶"的。如此,《系辞》对人类命运何谓"吉祥"、何谓"凶祸"的精准回答,就被讲解成了吉凶都不知所云的"是谓吉凶,孰为吉凶?"

山东大学刘大钧教授在《周易经传白话解》说道:"万事以其类相聚,万物以其群相分,这样吉凶便产生了。"刘大钧教授把"方"理解成一切

事物中的"万事"部分，"物"理解成一切事物中的"万物"部分。问题是"方"没有"万事"的意思，"物"是包括了一切事物的意思。把物的一部分，挪移到了"方"那里，显然不合理。"方"与"物"的概念区分不清楚，也就无法正确理解"吉凶"的含义了。

国学名家南怀瑾先生认为："'方以类聚'的'方'是指空间、方位，所以学《易经》要注意时间与空间，也就是现代的科学精神。'物以群分'是指在物理世界，一群一群的分类现象，于是吉凶在这里发生了。"（取自南怀瑾《易经杂说》）在此"方"作"方位"解，有点接近经文的意思。但是，南怀瑾先生也没有能够如《系辞》那样真正地讲清楚何谓吉，何谓凶？只是强调要抓住有限时间、空间，抓紧机会，那就与原文这段话的主题和宗旨关系不大了。

比较上述三位中华国学专家解读《易经·系辞》，都有一个共同点，就是或分不清楚"方"与"物"的区别，将"方"与"物"混淆在一起成为事物，成为同一事物的两个方面，或不能准确认识"方物吉凶"的概念，顾左右而言它。因此，也就无法准确把握住关乎人类命运的"吉凶"含义。

我们可以再看另一学者余敦康教授的解读："天地设位，圣人成能：成能即成就天地所不能成之功，天地自然的客观规律无思无为，对人事的吉凶祸福漠不关心，但人可以根据对客观规律的认识来谋求事业的成功，离开了人事的努力固然不能成功，违反客观规律而盲目行动也是不能成功。"[①]余敦康教授指天地乾坤之道为《易经》阴阳哲学的核心，"简单明了，容易知晓"。但是按他的理解，天（指天国）与人事的吉凶祸福仿佛是没有必然意义，也毫不相关的。这一解读或许只有在现代机械唯

① 取自余敦康《中国哲学论集》之"易学中的管理思想篇"。

物主义的世界能行得通，因为只看到物质，却认识不了天地的宗旨和意义，所以眼见为实，离开眼见为实都成了玄而又玄的。显然，余敦康教授的问题是从机械唯物主义的角度，只看到物，不看到物的由来。然而《易经》的精髓，是透过眼见的内容而把握实在的本质。如果本质的内容能够把握，现象也就能够迎刃而解。余敦康教授所谓的简单、所谓的明了，是把所要认识研究的"整体对象"割去了其中的主要部分，而把"看得见、摸得着"的事物部分拿来迎合人的口味，那确实是简单了。

此外，傅佩荣教授这么解读"方以类聚，物以群分，吉凶生矣"："其中的'方'是方位，就好像事物它有一个走向，走向什么地方，所以方就变成方以类聚，同类的可以聚在一起，不同类的不可能聚在一起。'方以类聚，物以群分，吉凶生矣'，意思是说跟你喜欢的在一起就是吉，你周围都是你不喜欢的，你陷入一种陌生的情况，有一种压力，觉得别人都是恐怕对我不利，这就是凶。"（引自傅教授详解《易经》的视频记录）傅佩荣教授这样的说法，与于丹教授的观点几乎是一致的。但问题是，跟你喜欢的在一起就一定"吉祥"吗？现实中并非必然如此，有些事物是分开来才吉祥呢！

可见，众多专家或学者对关乎人类命运"吉凶"的精准含义一直没有研究明白，因此，也始终无法找到核心价值观研究的正确方向。本文试以"经文辨读"课题的研究方法，演示经典中"一贯、一致，而从不更改"的核心价值，以印证生命之光决定了人类命运的方向。

四、"吉凶"的精准含义

我们首先来讲清楚《系辞》（上）第1章中所说的吉祥是"方以类聚"，凶祸是"物以群分"。

　　"方"的甲骨文"方"表示的是人和船（即一撇一弯），有一个临界线（即一横），这个"一横"就是岸，代表天国。《说文解字》里，方，并船也，象两、舟省、总头形："方"，是并联交汇的定向，象征"↑↓"与撇舟登岸、归总天国的形状。所以，天尊地卑，以及天人关系是互为对应，而绝非是没有关联的。这可参证释迦牟尼所说的"知我说法，如筏喻者"，意思是说：你们懂得我的说法如同筏喻，是指向彼岸的。"方以类聚"的"方"，在此就等同于现代汉语的"方向"或"定向"，表示了天国的"刚健"是有定向的，地界的"柔弱"是有定向的，被创造的万事万物都是有定向的，这就是"方向"。"类"是类似，"聚"是归聚。所以，"方以类聚"，就是方向或定向以类似归聚。这可参证《圣经·创世记》第1章26节："神说，'我们要按着我们的形象，按着我们的样式造人，使他们管理海里的鱼、空中的鸟、地上的牲畜和全地'。"《约翰福音》更是明确指出："道就是神，就是真光。生命在于他，这生命就是人的光。"所以，《系辞》说"刚柔相摩"而产生的宇宙万物，就是命定了以人类作为代表，要趁着生命之光，而像神、趋光，直到归总在真光里（参证《约翰福音》第12章35～36节），如此就称为吉祥。也因此，人类命运的吉祥是在于"方以类聚"。在于"方"，即仰望生命之光的定向；在于"类"，即类似神、类似真光；在于"聚"是归总在天国里。正如《圣经》所说的，人类是按神的形象命定了要撇舟登岸、归总彼岸，实现永恒生命，如此的唯一途径是与神相像，因为神就是真光。所以，《易经》所阐述的"方以类聚"，这正是决定了人类命运的吉祥，也就是如耶稣所说的道路、真理和生命。

　　何为"凶祸"？为什么《系辞》所说的"物以群分"，命定就是凶祸呢？"物"在《说文解字》的解释："万物也；牛为大物，天地之数起于牵牛，故从牛勿声。""物"是一切现象，以牛作为大祭物，天地之间的事数起始于牵牛而祭，所以从牛，读音为"勿"。《圣经·旧约》里讲到完美的牛用于献祭，《说文解字》里也说：牛，大牲也，"牲"就是完整的牛、完美的祭物。所以，天地之间的事物和数理起始于向神献祭。这可参证老子《道篇》第5章，"天地不仁，以万物为刍狗"，"刍狗"就是向神献祭的草狗。"天地不仁"，天地之间超越仁爱，以一切现象作为祭物。"物"，在此是指"刚柔相摩"所产生的一切造化、事物或现象。所谓"事物或现象"，从人来看是眼见为实，然而从道的国度真相来看，只不过是虚像或假像。"物以群分"，意思就是"事物以朋辈划分"。刚柔相摩所产生的宇宙万物，以人类作为代表，仅仅以事物与意气相投来划分或"分门别类"，这就与"像神、类似光、归总在天国里"的定向背道而驰，所以灾难生矣，也就必然决定了人类命运的凶祸。

综上所述，《易经·系辞》阐述的"方以类聚"，就是像神、趋光、进入真光，这一方向决定了人类命运的吉祥，所以，一个"方"字，涵盖了一切事物的归属与核心价值所在。反之，"物以群分"，一切事物照着表面来划分，以眼见为实作为方向和目标，结果就是背离生命之光，距离核心价值越来越远，这就必然决定了人类命运的凶祸。

五、趋吉避凶实现人类命运的核心价值观

我们再来讲清楚《系辞》，乃至全部《易经》的几个关键字：天、地、尊、卑、乾、坤、刚、柔。

在《易经》里，"天"是代表充满生命之光的荣耀天国，"地"是代表宇宙万物的地界。"天"的概念充满现象，又超越现象，宇宙的概念都在现象界。历来学者都把《易经》所阐述的"天国、地界"当作了宇宙

概念，所以就明白不了"天国、地界"的关系，也明白不了人类作为宇宙万物的代表而产生"天人"的关系。

"尊"和"卑"都是酒器，但"尊"是让人举双手敬奉的大鼎，"卑"是只手可携的浅杯（参见《说文解字》、《通训定声》），这个浅杯，要容载从"天"而来的生命之光。古汉语形容圣灵、天光是用"酒"来表达的，英文也是用"spirit"表达的，即灵或酒的意思，两者恰好不谋而合。对照《系辞》（上）第1章第1段，意思是天国比尊鼎，地界比浅杯，如此，乾坤的关系就被确定了。

"乾"在《说文解字》中是"上出也，从乙，乙物之达也"。上出也，是天光出现；从乙，表示飞翔；乙物之达也，是飞降万物的通达。《圣经·四福音书》也如此描述：圣灵降临，仿佛鸽子降临我们。所以，"乾"在《易经》的含义，等同于现代汉语"乾光"。《说文解字》里，坤，地也，《易》之卦也，从土，从申，土位在申。"坤"，是地界，是《易经》的卦象，由土、申会意，土的位置在于承载日光。"日"在此是象征生命之光，"土"是方位所在，"申"是日中一竖，表示承载生命之光。所以，"坤"在《易经》的含义，等同于现代汉语"坤载"。

《说文解字》里"刚"，强断也，从刀，冈声；参证甲骨文"ᘉ"。"刚"，是异化领域的强力了断，从刀断网：左边是网，右边是刀，用"刀"将"网"强力了断。乾光如刀，"网"如"空虚混沌，渊面黑暗"（语出《圣经·创世记》）的异化领域，用"乾光之刀"来强力了断"空虚混沌，渊面黑暗"的异化领域。所以，"刚"在《易经》中，是表示乾光的特性，含义等同于现代汉语"刚健"。《说文解字》里"柔"：木曲直也，从木，矛声。"柔"，是可以归正的生命扭曲，从木，指从生命之光的倒影而来，可参证甲骨文"＊"。原本的木字，就是生命之光与倒影。所以，"柔"，是表示了坤载的特性，含义等同于现代汉语"柔弱"。也因此，《系辞》说"在天成象"，指成为生命实象；"在地成形"，指成为生命阴影。

《易经》的几个关键词汇既已考证明白，本文第三章所引用《系辞》（上）的这段话语，意思也就完全清楚了。

天国比尊鼎，地界比浅杯，乾光坤载就确定了。天国是"彼岸"，是尊贵大鼎，充满了荣耀的生命之光。地界是浅杯，宇宙万物与天国来比，就是小小的浅杯。释迦牟尼佛在《楞严经》里更是如此比喻：人类"澄清百千大海弃之，唯认一浮沤体"。人类所看为宇宙万物的地界，其实在"澄清百千大海"的国度里，只相当于一个小小水泡体而已。地界就是"土"的方位所在，宇宙万物的意义就是承载生命之光。把天国比作尊鼎，把地界比作浅杯，乾光坤载的概念就确定不会混淆了。

卑微即浅杯，高尚即尊鼎，如此陈列，孰贵重、孰轻贱就摆明了。运动静止有常规，刚健柔弱就分清楚了。"天行健，君子自强不息"，这个就叫运动。天行健，即生命之光照耀不息，人类的意义，即在于承载这光。君子"方以类聚"，也就可自强不息。当我们静下心来，成为清心的人，那时就会见神、承载光，生命扭曲之柔弱也就可以归正了。（参证《马太福音》的"登山宝训"）如此这般的运动、静止有常规，刚健柔弱自然是分明了断矣。

本文试运用"不多一字，不少一字"的《圣经》翻译原则，把《系辞》（上）的原文这段话以现代汉语表达出来，力求使现代中国人都能鉴赏："天国比尊鼎，地界比浅杯，乾光坤载就确定了。卑微高尚一经陈列，贵重轻贱就摆明了。运动静止有常规，刚健柔弱就分清楚了。方向以类似归聚，现象以朋辈划分，吉祥凶祸就产生了。在天国成实象，在地界成形态，演变造化就显现了。"

如今，我们既已明白了人类所以吉祥、所以凶祸，也就会明白人类"吉凶已定"的道理。我们在现实生活中，就完全应该趋吉避凶，因为知道了什么是"吉"可以去靠拢，什么是"凶"可以去规避，由此来确定生命之光的宗旨和目标，实现关乎人类命运的核心价值。

六、东西方文化存在着本质一致的核心价值观

通过"经文辨读"方法，我们清楚明白了人类命运"吉祥"的精准含义，即核心价值所在，并且更加清楚地发现东西方文化一脉相承，都是在启示以人类为代表的万事万物"像神、趋光，归总在真光里"。《圣经》作为西方文化的源头，明确指出了万事万物都有其价值所在，都有待归入荣耀真光，如《创世记》第一章所说"各从其类"，如《罗马书》第 8 章 19～23 节所说"被造之物都在热切等候神众子的显现，因为被造之物服事于虚妄，并非自取，而是注定了要期待，也就是被造之物终究会脱离辖制和败坏，归于神儿女的自由和荣耀"，这些与东方文化所指"方以类聚"的核心价值观是完全一致的，都是从不同角度来揭示内容一致的道路、真理和生命。

我们懂得了人类命运的真道，就可以只在吉祥里面，远避凶祸，实现在生命之光里的全然自由。当我们向着光明而坚持祈祷锻炼，一切事物都将有益于造就人类。然而黑暗临到，即社会的大环境是"物以群分"、背道而驰的，那些趋吉避凶的"君子"们又将如何"穷则独善其身"呢？所以"辩证"来看：一方面，我们向着光明奔跑，唯有"元亨利贞"，也就是元本领悟才利于求得正道；另一方面，这是在我们人类不能，但在光明本体，就是在神"凡事都能"。

回顾人类历史与个人经历，我们中的许多人都能彻悟：神一直在引

领人类走向光明。面对黑暗，"君子"不是揭露黑暗，而是传扬光明、传承大爱。当我们向着光明，去认知光明了，我们就会发现他人乃至社会的"黑暗"只是木屑，而自身不能"清心得以见神"，那才是可怕的梁木！老子在《道篇》第20章说："唯与诃，其相去几何？美与恶，其相去何若？"假如有眼不见真光的梁木不去掉，人类总在死亡的阴影，即黑暗里面！唯有这梁木被去掉，黑暗才对我们无可奈何，那时，黑暗还会在哪里呢？

《圣经》里提到的伊甸园，本是人生乐园，但不是自由乐园。因为那是"天地"的临界状态，这个状态有奔向天国光明的定向，又有背道而驰的诱惑。那恶者，即魔鬼总想勾引人类进入死荫迷途，也就是我们如今眼见为实的现象世界。所以伊甸园就是向人类揭示了永恒生命不在于悦人眼目、能够揭露黑暗，这只会被黑暗所吞没；关键在于回到临界，并且胜过临界。那么，我们如何才能胜过"临界"、得享永恒生命呢？《圣经》指出"人按着神的形象造就"，而神的形象就是真光！《约翰福音》第1章6～10节说："有一个人，是从神那里差来的，名叫约翰。这人来，为要作见证，就是为光作见证，叫众人因他可以信。他不是那光，乃是要为光作见证。那光是真光，照亮一切生在世上的人。他在世界，世界也是借着他造的，世界却不认识他。"《约翰福音》第12章35～36节又说："耶稣对他们说，光在你们中间，还有不多的时候，应当趁着有光行走，免得黑暗临到你们。那在黑暗里行走的，不知道往何处去。你们应当趁着有光，信从这光，使你们成为光明之子。"

可见，东西方文化全然一致的核心价值，以及本文所讲的，都在于甲骨文的"光"字，"𤎡"就是生命吉祥的定向所在。人类在祈祷中，进入这状态，称之为𤎡。这是人类按着神的真光样式来发明的。"方以类聚"，所谓"人类"，就是承载上头之光的这般状态。在《马太福音》第6章22～23节，耶稣说："眼睛就是身上的灯。你的眼睛若瞭亮，全身就光明。你的眼睛若昏花，全身就黑暗。你里头的光若黑暗了，那黑暗是何等大呢？"耶稣告诉我们的"瞭亮"，原文指"正"与"纯正"，人类祈祷的心灵窗户成为纯正了，就能全身光明。所以，人类的核心价值在于如"正"字刻写的"止于一"，也就是向着真光专心致志、聚精会神、一以贯之，直到归总在真光里的全然光明。

现在我们明白了，人是按着神的形象造就的。我们心向神往，向着"神就是真光"直奔，以至聚精会神，那就将沉浸在神的大爱里面，而成就人生价值。所以耶稣就告诉我们，人要趁着有光行在光里，而现在这个机会，是不多的时间，要抓住时间住进光里。我们始于光、终于光，与光合而为一，这个就是人类文化的内涵，是永恒生命及人类的核心价值。

从中华文化经典《易经》到西方文化经典《圣经》，那样博大精深的内涵，如果用《罗马书》作者保罗的话来归纳总结，也就是三个字："信、望、爱"，意思指人类的共同命运、人类生命的永恒价值，就是"心领神会、专心仰望，住进大爱里"。这和《易经·系辞》"方以类聚"所表述的吉祥全然一致，都是指向文明之光的核心价值观。如今这个核心价值观是时候不在中国"大道隐没"了，要让人人都能认识这决定人类命运吉祥的生命之光，使所有人都得着一致的目标和共同期望，即成为真理和光明之子。如此，中国幸甚！中国的自由、强大和荣耀将是不可侵犯、再不改变，因为这乃是人人都有指望的、以文明兴盛引导历史潮流的伟大国度。

七、核心价值观研究的初步成果与搭建课题研究平台的合作模式

多少年来，国内有许多高校和研究机构都投入了庞大的人力、财力和物力，搭建了很好的科研平台来研究东西方文化这一关乎人类共同命运与永恒价值的重大课题，但仍有一些不足之处。或许是在研究方向上有些欠缺，对中西文化内涵的宗旨和目标不能完全理解和领会，以致现在正如老子所说的"吾言甚易知也、甚易行也，天下莫之能知也、莫之能行也"。

笔者对于上述重大课题进行了多年的潜心研究，已经初步完成了老子《道德经》研究成果。正如拙文《"经文辨读"的创新方式与人类文化的核心价值观研究》[①]所表达的，通过"经文辨读"的研究方式，完全可以证实东西方文化的核心价值是一脉相承的，中华文明的核心价值观也就是为世界所共享的、决定人类共同命运的核心价值观。

然而，古往今来关乎人类命运的文明传承，都是由集体，而非一己之力能完成的，因为这中间的工作量实在太庞大了。例如《易经》是从伏羲到文王，再到孔子团队，通过不同时段来完成这个文明传承的。《圣经》的七十士译本，是古罗马帝国时期由国家级的力量组织专家学者进行精准翻译来完成的；再如鸠摩罗什翻译《佛经》，他有六百多位顶尖助手，也是由国家级财力、物力支持而得以圆满完成的，所有这些文明能传承至今，都是由团队通力打造而成的。

---

① 详见普世社会科学网推荐特区：http://www.pacilution.com/ShowArticle.asp?ArticleID=2367。

今天，我们研究这样重要的课题，也需要团队的通力合作，更需要有足够的人力、财力和物力作研究保障。为此，笔者决心向国家和社会报告上述关乎人类命运的部分研究成果，并向国家和社会呼吁有偿转让集中西文化之大成的老子《道德经》研究成果：一是筹集资金，保障精力、人力来继续完成《易经》、《圣经》和《佛经》等重要经典的集文化之大成的研究工作；二是抛砖引玉，希望引起国家、政府机构、学界和科研院所等单位的必要重视，力争在客观研究、不涉及政治与宗教争端的基础上，与相关单位一起搭建良好的合作研究平台，打造国际先进的研究团队，集"国力"和众人智慧来整理、完善该成果，共同完成这一文明之光，即核心价值观的传承工作。

基于《圣经》辨读长生不老与核心价值观

一、人生"大风起兮"

中国的读书人，有很多都知道司马迁的《史记》里，那位汉高祖刘邦得胜回乡，一面击筑，一面即兴吟唱：

"大风起兮云飞扬，威加海内兮归故乡，安得猛士兮守四方！"[①]

司马迁写历史，执于"究天人之际"、"通古今之变"，然年岁变来变去，大风"云飞扬"没变，海内的"故乡"没变，猛士"守四方"也没变。

司马迁所述刘邦，受惠于"神遇"而得以问世，生逢"天下苦秦久矣"的秦末，那时恶政当道，导致民众揭竿、群雄逐鹿，局面大乱。针对"风雷激、云水怒"的战乱形势，刘邦"约法三章"承弊易变，以一统天下的律法凸显人类的核心价值，使绝望中的人民重获生存指望。他以这样有约在先、有法可依的战略战术来超脱险恶争战的困境，从而得以"云飞扬、归故乡、守四方"。史记称之为"得天统矣"，意思是说汉高祖得着天统，享有了历史文明的传承地位。

---

① 司马迁：《史记·高祖本纪第八》，中华书局 1982 年版，第 389 页。

刘邦艰苦奋战赢得胜利，却"游子悲故乡"、"安得猛士兮守四方"，难道这"四方"即世上的一切是我们人类可以持守得住的吗？释迦牟尼佛在《楞严经》中指出："云何名为众生世界？世为迁流，界为方位"①，如此"过去、未来、现在"②与"东、南、西、北、上、下"③所交织的时空之幻，是"变化密移""念念迁谢""新新不住"④的。

没有天下，要夺取天下；夺取了天下，要持守住天下，结果却证明了"是非成败转头空"⑤。一切都将过去，人类在这世上的生命是"虚空的虚空"⑥，有谁能持守得住人在世上这生命的基业呢？平民百姓如此，赢得天下的帝王亦如此。人类在这世上越痴迷、执着，就离神造人的旨意即永恒生命的目标越来越远。从古至今，人类从本能出发，不懈向往和追求永远的自由、幸福、平安和光明，可无一不在命途中陷入迷茫、失散和沉沦。人们普遍视永恒生命为遥远，偏离真道，只顾及时行乐，却患得患失，不知所终。

汉高祖刘邦的指望，是平定天下，让绝望的人们再有指望。对于平民来说，指望就是能够有一曲自己的"大风歌"——"云飞扬，归故乡，守四方"，甚至"与天地同在，与日月同辉"，长生不老、人人成仙。中国传统的道教告诉人们长生不老是有可行性的，并有"长生不老术"作为操作的方法。为实现这样的终极目标，道教提出了一系列修炼方术，

---

① 《楞严经》卷四，中国社会科学出版社 2003 年版，第 98 页。本文所引《楞严经》均出自该版本。
② 《楞严经》卷四，第 98 页。
③ 《楞严经》卷四，第 98 页。
④ 《楞严经》卷四，第 25 页。
⑤ 语出杨慎《廿一史弹词》第三段《说秦汉》。
⑥ 和合本《旧约圣经·传道书》第 1 章 2 节。

如服食、行气、房中术、守一、外丹、内丹、守庚申，等等。不仅道教如此，其他宗教也不乏类似的追求。国学名家南怀瑾曾说："自古以来所谓的修道，乃至任何宗教最高的要求，都是要找到生命的永恒，返还到这个境界为目的。"①可道教所提供的这些方法，能否实现长生不老的真途径呢？人类究竟如何才能赢得永恒生命，且守住这片真土，可以不再畏惧遭遇强夺，不再畏惧流离失所呢？

二、通过东方经典中的"长生不老术"寻求永恒生命源

《楞严经》强调人类有生有死，生死不已。然而，乐生而畏死是人的天性。大凡天下之人，莫不渴望长生，恐惧死亡。长生不老是人类一直在探究和追寻的，若有人在世间获得事业成功，接下来便会力求永葆青春，延年益寿，长生不老，以维持自己的成功并从中获得永恒的幸福和快乐。

穷人要做富人，富人要当官，当官了要做宰相，宰相还想做皇帝，做了皇帝要成仙——人类似乎总想着成仙。从这个人类愿望的阶梯看，人最终都是希望守着自己在世上各样的美好幸福和财富，并且延年益寿，长生不老，享受无穷无尽的荣华富贵。在《史记》②和《资治通鉴》上便是如此。历代的皇帝尤其是秦始皇和汉武帝，不计代价地追求长生不老，他们派遣术士到处寻求长生不老的仙药，或寻找仙境，但都不得好果。人类的美好愿望与其追寻的结果往往相反，这些寻求长生不老的人，最终也都被时间埋在了阴暗的坟墓之中。他们并没有实现自己的长生不

---

① 南怀瑾：《静坐修道与长生不老》，复旦大学出版社1993年版，第2页。
② 参读司马迁：《史记·秦始皇本纪》第6卷、《史记·孝武本纪》第12卷。

116

老梦，没有永远守住这个世上的财富，这正印证了《新约圣经·马太福音》所说的："要挤进窄门。因为门宽路大通向灭亡，进去的人多；而门窄路小通向永生，发现的人少。"①

长生不老的思想，中国经典《道德经》就早已提到，长生不老即不死而永生。后经道教的宗教领袖们发展，形成了系统的技术层面上的操作手段，为的是追求长生，最后成仙。然而老子的《道德经》原文中并没有描述神仙，更没有"仙"这个字。"仙路历程"，疑似老子以后的道教所发展。但是老子在"长生不老"方面确有具体的指导，同时也回答了人类所追求"长生不老"的"仙路历程"最终失败的原因："天下皆知美，为美恶已。皆知善，斯不善矣。"②普天下通常以为的"美"，认作美就是恶了。通常以为的"善"，那可是不善呀！（摘自笔者将要问世的《祈祷得道经》。本书经由考古与"经文辨读"复原老子《道德经》的古经原文，通过注释而融汇贯通东西文化的底蕴，采用《圣经》翻译原则，以现代汉语力求精准表达老子的古经原文。目前正筹备出版中。）同样的道理，长生不老、永恒生命，终究是人类求生的一种本能需求，世人以想象中的理念把这当成是好，而追求本能所趋向的"长生不老"，那就与真实的"长生之道"渐行渐远了。

《道德经》的作者老子并非视长生不老为不可能："塞其闷，闭其门，终身不堇。启其闷，济其事，终身不棘。"③堵塞自感觉与意识，关闭这样的门户，终身超然而然。敞开意识，追求这样的事功，终身一无所获。

---

① 参读和合本《新约圣经·马太福音》第 7 章 13、14 节。此段经文由笔者据《Nestle-Aland 新约圣经希腊原文第 27 版》译出，并首次经由本文正式发表。
② 高明：《帛书老子校注》道经第 2 章，中华书局 1996 年版，第 229 页。
③ 高明：《帛书老子校注》道经第 2 章，中华书局 1996 年版，第 75 页。

老子这里所讲是指平日的修持操练。追求"长生不老",最终是与祈祷、打坐等修持操练有关系。而人的修持操练大致有两类结果,一种是在世上可以活得较长,但最终依然归入死亡。原因是修持的过程中没有放下自己的感觉官能、心思意念,如果一直以这类方式追求,终将一无所获。另一种追求"长生不老",是不断进行堵塞自我感觉及意识,关闭感官的门户,即舍己的操练,那就终将超越死亡,进入永恒生命。老子清楚地说明"长生不老"的可行性和可操作性,他没有让我们敞开门户走"仙路历程",而是让我们闭紧门户,放下自己,去专心仰望,直到实现永生。

"妙觉明元,本元明妙。自诸妄想,展转相因。从迷积迷,以历尘劫。"① 万物的本始是"窄门"之道,是生命之光。在光中的一部分生命体,忽而迷妄异"常",也就成了经文所述"常乐我净"的异化,开始"展转相因"。这样的生命体"从迷积迷",跌入了意念之中,进入了"空虚混沌、渊面黑暗"②,产生了攀缘的观念,也有了七情六欲的感觉。在这空虚混沌里,使抱着观念的部分成为物质的结构,在结构之外的就是空虚,区分为"有"和"无"。于是神造人,要借着人类使这混沌局面归回"妙觉明元"的生命之光。然而被造的人类却固执己见,在"有"和"无"中不断旋转与寻找,把本来是空虚的,却执着以为是"有",又不断在"有"里面区分相同的和不同的,如此反复,跌入混沌与轮回。人们至今还在寻求着"长生不老术",只是凭借虚妄的基础寻求"长生不老",必然失败。《楞严经》明确告诉人类:"若于因地,以生灭心为本修

---

① 《楞严经》卷四,第91页。
② 和合本《旧约圣经·创世记》第1章2节。

因，而求佛乘不生不灭，无有是处。"① 真正的长生不老一直都在，并没有转动的影儿。真正要实现长生不老，唯有把观点、立场，把纷乱的意念，以及建立在错误观点、立场上而寻找的想象中的"永恒生命"放下来，才能找到真正的生命——进入永恒。

《楞严经》还强调："欲令见闻觉知，远契如来常乐我净，应当先择生死根本，依不生灭圆湛性成，以湛旋其虚妄灭生，复还元觉。"②追求长生、永恒，当然无可厚非，因为"长生不老"本就在；然而如果是在错误的立场、虚妄的基础上追求真实境界，是追求不到的。但要得真正的长生不老，那就要放下虚妄的一切。佛经认为人类本身也是虚妄中的造化，只有放下人的自我，才能够"苦海无边，回头是岸"。

三、永恒生命是人类命运的终极归宿

东方文化的经典著作之一《道德经》与佛典《楞严经》所诠释的"长生不老"即人类永恒生命，讲述的是同一内涵，也就是要关闭自己的感觉官能，放下自己虚妄的意念乃至整个身心，方能进入原本的生命常态，即生命之光，或称为"彼岸"。而代表西方文化的经典《圣经》对"长生不老"又作何阐述呢？《圣经》的观点能否和《道德经》以及佛经互为印证呢？本文仍采用"经文辨读"方式来阐明和凸显中西方文化所共同拥有的核心价值观，经由《道德经》、《佛经》和在此作为本人多年潜心研究成果发表的部分《圣经》新译的辨读，进一步诠释和印证东西方文化一脉相承，东西方文化的实质乃是神启示给人类的永恒生命。

① 《楞严经》卷四，第 95 页。
② 《楞严经》卷四，第 97 页。

本文辨读的"长生不老"和前文辨读的"生命之光"两大钥节（Key Verse，关键词）为同一脉络，阐述和传达"道成肉身的耶稣基督就是生命之光，即真光"①。正如网友 hannahstear 所言："终于道出了核心价值。在基督降生以前的人，因为没有亲眼见过，只体悟到道的存在，却无法用言语表达清楚，因此才会出现，'佛说般若，既非般若，是名般若'，老子说'道可道，非常道'，以赛亚说'他是奇妙、策士、全能的神、永在的父、和平的君'；但现在，道既然因爱而取了具体的活生生的人之形象，就是耶稣基督，使得我们可以亲眼看见他、亲耳听见他的名字，呼唤他的圣名。"②

无论是国学研究，还是西方价值观研究，值得推崇的正是基督徒传统的经文辨读方式，这有助于公共性话题的开放研究。本文辨读的主题"长生不老"，直接引用道成肉身的主耶稣基督的话语，并且通过《新约圣经·路加福音》第 16 章原文的解析和分享，借此首次发表《圣经》翻译的部分研究成果，表明中华传统文化并非"天不生仲尼，万古如长夜"③，而是苍颉造字与秦始皇统一六国"车同辙，书同文"的前前后后，道的真光照耀总不改变，日新又新。正如《圣经》的作者之一约翰所说，"本始是道"④，又如《圣经》的另一位作者保罗所说："直朝着标杆奔跑。"中国字的"道"顾名思义，即彰显出了我们人类要朝着首要目标奔走。作为中国传统文化，尤为可贵的是汉语词汇可与《圣经》

---

① 详见普世社会科学研究网的推荐特区：http://www.pacilution.com/ShowArticle.asp?ArticleID=2367。
② 详见凯特网专帖第 155 楼：http://club.kdnet.net/dispbbs.asp?board id=1& id=3363098&page=9&uid=&usernames=&userids=&action=。
③ 朱熹：《朱子语类》卷九十三。
④ 参读和合本《新约圣经·约翰福音》第 1 章 1 节。

原文的古希腊字完全匹配，这一重大发现就足以使现代人类借助中文即可阅读古希腊原文的《新约圣经》，并且采用这一研究成果的中译本《圣经》，阅读起来，可具备与《圣经》原文相等同的功效，使得"经文辨读"这一研读方式可以在东西方文化领域普遍推广，从而积极和有力地推进东西方文化的包容、交叉和融合。

本文声明，上述《圣经》研究成果的中译本部分，正如在此首先发表的《新约圣经·路加福音》第16章，经由《圣经》原文与中文进行逐句逐字转换，有心者据此与《圣经》原文对照阅读，就会发现这样的中译本可以作为中、希或希、中互译的功能字典。

且回到本文的辨读关键词"长生不老"。我们将继续通过"神的话语一解开，就发出亮光"[①]，来展现"'长生不老'是人类的归宿、'长生不老'的可操作性，以及人生在世的意义和价值"这些关乎人类命运的终极答案，来揭示永恒生命即人类命运定向的这一核心价值观所在。

《新约圣经》经文《路加福音》第16章1～9节，耶稣又对徒弟们说："有一个富人得到密告，说管家在挪用着他的财物。他就把这人叫来说，既已发现你这样，请把账目交代清楚，因为不可以让你再当管家了。那管家心想，怎么办呢？主人不用我当管家了，我却不会种地，也没脸讨饭。还能怎么办呢？只知道当不了管家，就让人接我到他们的家里去。于是，把欠他主人债的一个一个的叫来，问头一个，'欠我主人多少呢？'回答说，'一百桶油。'管家说，'拿你的借据，快坐下，改作五十。'又问一个，'你欠多少？'回答说，'一百担麦子。'管家说，'拿你的借据，改作八十。'主人就感慨恶管家见机行事，因为今世之子为人处世，比光

---

① 和合本《旧约圣经·诗篇》第119章130节。

明之子还精明。"耶稣说："我对你们说吧，要用属世的钱财为自身结交朋友们，以便死了，会接你们到永生的家里。"①

被称为"今世之子"的那个管家，今天的"今世之子"们也正和他一样，总把有限的精力和资源花在赚取或储备属世的名、利、钱、财上，追求着"云飞扬、归故乡、守四方"。但是，当人们即将失去工作，即生命基础的保障时，求生的本能就会突显出来，如同那个管家，甚至"揭竿而起"，想出些不法途径来保障自己能够活着。在此过程中，主人就感慨那恶管家尚还能够思前想后，"见机行事"，为自己先找到一条活路。这也正如我们今天的世人眼见为实、求世上财富、要让寿命活得更长久，所以为人处世，竟比光明之子还精明、还殷勤。而"光明之子"，也就是我们今天的基督徒、道士、佛弟子们，是专门追求永生的，却"精明"不足以认识永生源头、"殷勤"不足以为自身留下永生活路。他们在"神马都是浮云"的世上，宁肯穷经皓首，以为其中有永生，却就是不肯放下"教条"、投身于真道得享生命，甚至比世人还世人地更贪图属世"浮云"，结果成为要保全生命、追求永生的，却在丧失生命了。

上述这段经文借恶管家的所作所为，显示了渴望保全生命是人类的本能，指出了"长生不老"才是人类归宿，以及如何才能保全生命、进入永恒生命。耶稣说"要用属世的钱财为自身结交朋友们，以便死了，会接你们到永生的家里"，道成肉身的耶稣基督在此亲口表明了人类要实现永恒生命就必须用属世的钱财，即有限的精力和资源去结交那些能接我们到永生家里的"朋友们"。

---

① 参读和合本《新约圣经·路加福音》第 16 章 1～9 节。此段经文由笔者据《Nestle-Aland 新约圣经希腊原文第 27 版》译出，并首次经由本文正式发表。

这里所说的"朋友"，也就是指《圣经》希腊原文所表达的"προφήτης"①，意思是"先行入道而宣道的人"，《圣经》中文和合本译为"先知"，其动词形态，也译为"先知讲道"。可参考和对比由梵文佛经译入汉语的"佛陀"一词，意为"真光明觉、讲道或说法者"。

"今世之子"们把钱财，即有限的精力和资源都放在眼目和肉身的宴乐上，所以任凭人类再怎样精明，甚至也能够找到今世快乐的"活路"，如同那恶管家一样，终究还是归于徒劳和灭亡，成为"虚空的虚空"。然而人类"要用属世的钱财为自身结交朋友们"，因为"先知讲道者"，即人类通过祈祷入道而宣道和传道的先行者们，都是指着如今已"道成肉身"的耶稣基督而讲"道"、说"道"的。由他们而存留在世的经文，都是见证耶稣、使人类得以在他里面享有永恒生命的。②如今我们人类信从耶稣，照着先知讲道者们的经文教导而心向神往、祈祷操练，直到"既遇见这无比贵重的珠宝（笔者按：永生之道）了，就变卖一切所有的去买下他"，③也就是变卖我们人类的一切，即短暂生命，而进入那无比贵重的真光里。当那时，人类的先行者们也就早已成为我们所结交的"朋友"了，他们要与主耶稣基督一起接我们"到永生的家里"。

《新约圣经》的《保罗书信》强调了祈祷操练而非仅仅身体操练，"因为操练身体益处还少；唯独敬虔，凡事都有益处，有今生和来生的应许"④。

---

① 详见希腊文"先知"原形 προφήτης，Strong's Hebrew and Greek Dictionaries，编号 G4396。

② 参读《约翰福音》第 5 章 39～40 节圣经有关麦基洗德章节，以及释迦牟尼佛诠释"阿弥陀"是无量寿、无量光，即永生之光，详见《阿弥陀经》和《无量寿经》。

③ 参读和合本《新约圣经·马太福音》第 13 章 46 节。此经文由笔者据《Nestle-Aland 新约圣经希腊原文第 27 版》译出，并首次经由本文正式发表。

④ 和合本《新约圣经·提摩太前书》第 4 章 8 节。

又如约翰所说，"那位必然兴旺，而我必然衰微"①，长生不老的核心价值观正是在"朋友们"所讲、所传的经文里，"一解开就发出亮光"，使人类终究能通达命运所定向的真光"彼岸"。

四、永恒生命的实践方式："一仆不可侍从二主"

宇宙万物是好的②。因为神造人，要借着人类使"空虚混沌、渊面黑暗"的局面归回生命之光。有如我们今天人类发明和建造了太空飞船，目标是飞向太空，为这目标而建造的发射平台是好的。人类既被设定目标为永恒生命，其实现步骤就是侍从真道的"一仆"方式。然而我们从起始到如今，把宇宙万物这般为人类得永生而创造的生存平台，当作今生目标而"侍从二主"，结果只能像软件程序失灵的宇宙飞船那样逗留在地球，且死后仍旧入"空虚混沌、渊面黑暗"的阴间了。

《新约圣经》经文《路加福音》第16章10～13节："小小的事上诚信了，大事也诚信。小小的事上偏执了，大事也偏执。属世的钱财上都靠不住，怎么能托给你们真财富呢？别的事上靠不住，怎么能把切身的事交给你们呢？一仆不可侍从二主，或恨这个爱那个，或守住这个不顾那个，你们不能既给神，又给钱财做奴仆。"③

如果说生命之光的彼岸是"澄清百千大海"，那么人类所看为一切的世界，就只是一个小水泡而已。④

---

① 参读和合本《新约圣经·约翰福音》第3章30节。此经文由笔者据《Nestle-Aland 新约圣经希腊原文第27版》译出。
② 参读《旧约圣经·创世纪》第1章。
③ 参读《新约圣经·路加福音》第16章10～13节。此段经文由笔者《Nestle-Aland 新约圣经希腊原文第27版》译出，并首次经由本文正式发表。
④ 详见前文专著，http://www.pacilution.com/ShowArticle.asp?ArticleID=2571。

"小小的事上"，就是神创造宇宙万物作为环境或"平台"，使人类可以借此实现永恒的生命。如果我们人类在这"小事"即世事上有"诚信"，即对神创世的美意能够心领神会，那么我们在侍从道、实现"长生不老"的"大事"上也就有诚信，能够"忘记背后的、努力面前的，直朝着标杆奔跑"了。我们领悟神的旨意而认真努力地学习和工作、爱惜环境，并且爱人爱己，这就是"小小的事上诚信了"，也就是在为建设"发射平台"，为最终实现永恒生命而打下基础并提供方便了。反之，如果我们不能领会神的旨意，就会偏执于世事，将"属世的钱财"，即有限的精力和资源误作他用，就如同把工具当作目标，把地面"发射平台"当作飞船的奔往目标了。

父母花钱让儿子接受高等教育，希望他将来能有出息。儿子也努力学习了，可是他把获得学位当作是人生终极目标。父母说：这孩子读书读傻了。

公司的老板要建造高楼大厦，把一大笔钱交给了某职员，让他去购买建筑材料。某职员见钱眼开，去吃喝嫖赌，结果事儿办不成了。老板说：此人不可重用。

大国宇航局的总设计师来到飞船制造厂检查工作，发现飞船的硬件材料都无法过关，他就指示说：控制系统的软件就不用安装在飞船上了。

"光明之子"，即基督徒、道士、佛弟子们，他们既要操练、祈祷、修行、打坐，又要忧虑赚钱、料理世务，以及养家糊口。天地的主对他们说："不要为你们的生命忧虑可以吃什么、喝什么，或是你们身上要穿什么。生命比食物，身体比衣服，不都更重要吗？看看天空的鸟，不种、不收、不仓储，而你们的天父供养它们，你们不比它们更宝贵吗？你们有谁忧虑了能使他寿数多加一刻？何必为衣服忧虑呢？想想野外的百合花不劳作、不纺线，又如何生长的呢？但是对你们说吧，所罗门他荣华盛极，穿戴也不如花儿一朵。那野草今天长、明天丢进火炉，神还这么装扮，何况诚信幼弱的你们呢！所以不必忧虑说，可以吃什么、喝什么，或是要穿什么。外人就寻求着这一切，而天父当然知道你们也需要这些。要先求神国和他的义，这一切就将都加给你们。"①

人类"不二"，才是践行长生不老，或曰永恒生命的真途径。

五、人人当发奋努力、求得永恒生命

东方的俗语"人为财死，鸟为食亡"，而经文则更表明"贪财是万恶之根"。语出保罗《提摩太前书》第 6 章 9～11 节，"贪财是万恶之根，有人贪恋钱财，就被引诱离了真道，用许多愁苦把自己刺透了"，因为"那些想要发财的人，就陷在迷惑，落在网罗……叫人沉在败坏和灭亡中"。所以，为人必要明白"有衣有食，就当知足"。

《新约圣经》经文《路加福音》第 16 章 14～18 节：贪财的法利赛党人，听了这一切就讥笑耶稣。耶稣对他们说，你们在人前标榜自己为义，但是神知道你们的心。众人所尊贵的，在神却看为可恶。律法和先知讲道直到约翰，这就传出了神国的福音，人人当发奋入门。天地废去，比律法的一点一画落空还容易。凡离弃妻子另娶的就在犯奸淫，娶那被丈夫离弃的，也在犯奸淫。②

耶稣基督向人类教导永生之道，作为《圣经》研究专家的一些法利赛党人就想不通了。他们以为人在今生要侍从道、要追求永生，但如果

---

① 参读和合本《新约圣经·马太福音》第 6 章 25～33 节。此段经文由笔者据《Nestle-Aland 新约圣经希腊原文第 27 版》译出，并首次经由本文正式发表。
② 参读和合本《新约圣经·路加福音》第 16 章 14～18 节。此段经文由笔者据《Nestle-Aland 新约圣经希腊原文第 27 版》译出，并首次经由本文正式发表。

没了钱财能行吗？于是讥笑耶稣。主耶稣就借此印证先知讲道所说的"天下皆知美，为美恶已"，明白指出"众人所尊贵的，在神却看为可恶"。永生之道是操练祈祷、放下心念，直到成为"清心的人必得见神"①，而一些"光明之子"们研读经文就自以为义。他们不但放不下"变化密移、生灭无常"的心思意念，还反其道而行之，把永生的"根基"或"本修因"建立在心念上。如此求道，就只能读通经文的字意而活在教条中，甚至比世人更贪恋"财富"，因为除了把金钱、名利、自身当作今生目标，还把经文章句当作了今生目标，使我们即使成为这些方面的大富翁、成为众人所尊贵的，但结果依旧是追求永生的，却都丧失了生命。

　　而如今是恩典时代，神"道成肉身"把他自己赏赐给了我们。今天是我们"人人当发奋入门"、得永恒生命的时代。"律法和先知讲道直到约翰"，此处的"律法"是指人类进入永生国度的律例、典章和法度，尤指《旧约圣经》前五卷，即《摩西五经》。"先知讲道"是指人类通达永生的先行者们"入道而讲经、说法、喻道"。正如摩西写下五经、老子说"道可道也，非恒道也"②、释迦牟尼佛说"佛说般若波罗蜜，即非般若波罗蜜，是名般若波罗密"③，直到约翰指着耶稣而说出："看哪，神的羔羊！"④如此便见证出了象形字"義、美、善"所表达的人类心向神往的目标即耶稣基督，也就是"传出了神国的福音"。从此，人类寻求活在世上的意义、指望永恒生命，就不再是"天险不可升也"⑤，而是道

---

① 参读和合本《新约圣经·马太福音》之"登山宝训"。
② 参读高明：《帛书老子校注》道经第 1 章，中华书局 1996 年版，第 221 页。
③ 参读《金刚经》十三品。
④ 参读和合本《新约圣经·约翰福音》第 1 章 29 节。
⑤ 语出《易经·坎卦》：天险不可升也，地险山川丘陵也。

路预备好了，因为耶稣基督"道成肉身"完完全全显明了人类核心价值观的所在，他就是我们人类向往永生，并且实现永生的"道路、真理、生命"。

宇宙万物出于"空虚混沌、渊面黑暗"，是终究要消失的，但先知讲道者们入道而宣道并传道的"律法"则终究将使"混沌"局面归回永生之光。人类明白了神的旨意与今生使命，就当发奋努力、求得永生，直到实现心向神往的终极目标。

所以，人类是为永生而活的，主耶稣基督也印证了夫妻是"神所配合"，便于我们实现永生的。夫妻既"同负一轭"奔向天路，如果彼此离弃，就是偏离正道、在"犯奸淫"了。

六、借短暂一生实现永恒生命——进入真光"彼岸"

穷人和富人本为中性词，如财富本无善恶之分。前面讲到"贪财是万恶之根"，所说的"贪"字即象形"今贝"，指今世与财富。人拥有财富而向往今生今世为目标，这就是坠深渊而浑不自知的"贪"也，结局必然悲惨。

《新约圣经》的经文《路加福音》第 16 章 19～31 节：有一个富人衣着华贵，天天宴乐。有一个乞丐叫拉萨路，浑身长疮，被丢在富人家门口，想吃那从桌上抹下来的食物，连狗也来舔他的疮。乞丐死了，被天使们带到亚伯拉罕的怀里。富人死了，被安葬，却在阴间受难。他举目远远望见亚伯拉罕，而拉萨路在他怀里，就喊着说："祖宗哪，亚伯拉罕哪，可怜我！叫拉萨路指头蘸水来润润我的舌头，我在这火焰里痛苦啊。"但是亚伯拉罕说："孩子，想想你在人生享福吧。拉萨路历经艰难，而如今得着安慰，你倒受磨难了。在此的一切，我们和你们都以深渊为界。这边有意也过不到你们那边，那边也过不到我们这边。"他说："祖宗哪，求你叫他到我父家去，因为还有五个兄弟，要去告诫他们，以免他们也来这刑罚之地。"亚伯拉罕说："他们尽可听从摩西和先知讲道者们。"他说："祖宗哪，亚伯拉罕哪，唯有死了的人当面显现，他们才会悔改的。"亚伯拉罕说："不听从摩西和先知讲道者们，也就信从不了那一位死而复活的。"①

　　主耶稣以乞丐拉萨路与富人作为范例，揭示人"死"后的不同结局。人类在"世事上诚信了，大事也诚信"，人类既懂得爱惜"平台"，也就祈祷侍从道，直到类似光，进入真光。这样的人，即使在今生今世甚至窘困如拉萨路了，但结局是在乐园②得享安慰。人类在"世事上偏执，大事也偏执"，既把金钱、名利、自身当作今生目标，也把经文章句当作今生目标。这样的人，即使在今生今世甚至发达如"富人"了，但结局是在阴间受痛苦、求怜悯。正如《马太福音》第 16 章 26 节所说："人就是赚得全世界却赔上生命，有益处吗？人还何以换回生命呢？"③

　　永生国度，好比识货的商人所寻求的完美珠宝。我们人类既觉悟了永生之道，就当变卖一切所有的，尽我们一生所有的精力、悟性和资源，

---

① 参读和合本《新约圣经·路加福音》第 16 章 19～31 节。此段经文由笔者据《Nestle-Aland 新约圣经希腊原文第 27 版》译出，并首次经由本文正式发表。
② 此处的乐园，可参读《圣经》和合译本《路加福音》第 23 章 43 节——主耶稣在受难时刻，对着那个原意跟从他的盗贼说："今日你要同我在乐园里了"；并参读启示录几章几节——新天新地光临时，受造之物都要归往新天新地去，"得胜，我必将神乐园中生命树的果子赐给他吃"；也可参读释迦牟尼佛的《阿弥陀经》、《无量寿经》有关极乐世界章节。
③ 参读和合本《新约圣经·马太福音》第16章26节。此经文由笔者据《Nestle-Aland新约圣经希腊原文第 27 版》译出，并首次经由本文正式发表。

去买下珠宝，实现永恒生命。人生岁月短暂，如飞而逝。光明之子们既认识了人生的首要目标，就当"见机行事"，乘这短暂一生的平台而成全永恒生命。但如果我们在这受造的"阳间"平台不发奋祈祷入道，还照样"衣着华贵，天天宴乐"，就会很快随流失丧，落入未经造化的"空虚混沌、渊面黑暗"，也就是"阴间"所在。在那里，死人要尝到"何以换回生命"的滋味而哀哭切齿了，也只有死人与死人息息相通[①]，会说出："祖宗哪，亚伯拉罕哪，唯有死了的人当面显现，他们才会悔改的。"然而亚伯拉罕回答"阴间"的死人，也告诫"阳间"的所有世人："不听从摩西和先知讲道者们，也就信从不了那一位死而复活的。"先知讲道者们入道而宣道并传道，也就是指着救世主耶稣所说的经文，这等话人们不愿听，不肯信、愿、行、证，也就信从不了如今道成肉身、已经死而复活的耶稣基督。

"方以类聚"[②]，人是照着神的形象造的。人类向往与渴慕长生不老、生命永恒，唯一的途径就是借短暂一生而像神、趋光、进入真光，也就是与神旨意相符，努力心领神会而专心仰望，直到住在大爱里——进入真光"彼岸"。

七、结束语

耶稣基督，是"道成肉身"的神亲自引领人类归回长生不老、生命永恒的标杆形象。耶稣基督的实质是永生之光。天地万物的生命在于他，如此生命之源就是人类心向神往的真光。然而真光来到世界，世界却不

---

① 参读《新约圣经·马太福音》第8章22节："让死人去埋葬他们的死人。"
② 参读林涌强：《人类命运定向与核心价值观研究》，详见普世社会科学研究网
  http://www.pacilution.com/ShowArticle.asp?ArticleID=2571。

认识他，人类却不接受他，正如耶稣基督在《路加福音》第16章中已经总结、归纳、阐明了创世以来的奥秘，即长生不老之道路、真理、生命，而人们也一定会匪夷所思，不以为然。但是那些接受的，就是信从他名的人，就会因神而出死入生了。

综上所述，人类向往长生不老、生命永恒，但如果仅仅从求生的本能出发，而不明白神造人的旨意，那么，即使以倾国之力、倾帝王"云飞扬、守四方"的壮举，也是不能入道、实现永生的。东西方经典如《道德经》、《楞严经》和《圣经》就是先知讲道者们入道而宣道并传道，为全人类所写下的经文宝典。作为东西方文化的精髓，这些经文宝典已经从不同角度阐述和印证了：

1. 神创造人类，也为人类预备了宇宙万物作为环境或"平台"，要借着人类使混沌局面归回"道"、归回生命之光。

2. 人类实现永生的可行性和可操作性只在于"一仆不二"地闭紧门户、专心仰望，直到实现永生。如原始甲骨文 字所表达的"像神、趋光、进入真光"，这是人类核心价值观之所在。人类如果不这么"天天舍己"进行操练，就不能入道和实现永生。

3. 我们人类存活在世上，无论贫穷与富裕，都一样有人生共同的使命、意义和重大价值。就当人人都彼此相爱地信仰耶稣基督，坚持祈祷操练，发奋进入永生国度，这是全人类实现永生的"道路、真理、生命"。

先知讲道者们既入道而宣道并传道，为我们人类刻录了经文宝典，也就有经学士如孔子，如犹太学者，如鸠摩罗什们完成《易经》经传本，《圣经》七十士译本，《佛经》中译本，等等，使文明得以承传、光大，使更多的人能够心领神会，实现永恒生命。如今耶稣基督既"道成肉身"，文明之光，即核心价值观的福音也就一定将传遍天涯海角，核心价值观的"经文辨读"工程也必将完成，使人类都能够心领神会、实现永恒生命。

神爱世人，神的真光照耀亘古不变，日新又新。祈愿神的怜悯和眷顾总不离开我们人类，神的慈爱使我们所有的人们都能够"高山仰止、景行行止"[①]，也就是仰望耶稣基督真光，入住大爱，归回永生的家里。阿门！

---

① 《诗经·小雅·车辖》，远方出版社 2009 年版，第 129 页。

由"恨"字了义的人类核心价值观①
——解读与分享《圣经》文字的微言大义

一、题目与关键词说明

我对自己的口才没有信心，但对这个文本，也就是《圣经》的经文大有信心。

提到"人类核心价值观"，就有人问这个题目与当下中共中央正在宣讲的"社会主义核心价值观"有什么关系，好似模仿了"社会主义核心价值观"，显得不伦不类。

我们应该说"社会主义核心价值观"是一种现象。整个国家要有主导意识，需要有一种理论、有一种思想，我们现在把这称之为"社会主义核心价值观"。或许这样的主导意识有个前生，会有"过去、现在、未来"。从《共产党宣言》所说"一个幽灵，共产主义的幽灵，在欧洲游荡"，到十月革命送来"马列主义"，到中国的毛泽东思想，新中国成立后又曾经盛行过《论共产党员的修养》。现在这个"社会主义核心价值观"也是类似林林总总的主义或指导思想，会有产生、发展、成熟等一系列的演

---

① 本文是笔者在浙江大学演讲时的记录稿。

变过程。这都是现象范畴的，就好似小孩子吹泡泡，从液体吹出圆球泡泡被太阳光照射而五彩缤纷，又突然消失。所以，"社会主义核心价值观"只是当下的一种理论，是国家目前的一种主导思想或说法。

在此演讲的"人类核心价值观"，并非是有起有灭、今天讲过明天就不讲了的一种理论，而是从有人类起就一直存在着，与整个人类和个人都发生关系，且从不更改的一种根源。我们通常说"透过现象看本质"，这个现象是要过去的，但要看透它的本质，那是不变的。我在这里讲"人类核心价值观"，这个题目很大，关乎到人类在世界存在的意义和使命。为什么有 N 多的现象我们总是把握不住、明白不了？我们能够透过现象来找到根本性的源头吗？

《楞严经》用了这么一段话来解释世界和现象："云何名为众生世界？世为迁流，界为方位"，如此"过去、未来、现在"与"东、南、西、北、上、下"所交织的时空之幻，是"变化密移""念念迁谢""新新不住"的。我们这个世界就是前后左右上下、过去现在未来所交织的时空之幻。在这时空里，我们所有的现象都以"幻"来表达，就如人虽初生，但一定会有生老病死，这些都是"念念迁谢""新新不住"的。

那么什么是根源内涵呢？《圆觉经》说"幻灭灭故，非幻不灭。譬如磨镜，垢尽明现"，《圣经》则说"清心的人必得见神"。在时空之幻的感觉只是幻觉，那么幻觉如果灭了，没有了，不属于时空之幻的内涵也就显现出亘古不变的存在了。好比现象是垢，垢既然已退去、消失，本质的"明"就自然呈现出来，"人类核心价值观"就是如此之"明"。"明"的说法，在经文里有不同的表达方式。《圣经》中把这样的"明"称为"道""真光""神""独一之神"，因为这位神的特征就是真光，也就是佛经所说的"真光明觉"或"妙觉明元"。《新约圣经·约翰福音》开卷就说，

"本始是道，道和神同在，道就是神"。佛经怎么表达呢？佛经用"彼岸""极乐世界""无量光、无量寿"来指向真光，说是"妙觉明元，本元明妙"。

老子也是一言以蔽之，来解释"人类核心价值观"："无名，万物之始也。有名，万物之母也。"本始是没有世界、没有一切现象的，然而"有"，就是《圣经》所说"空虚混沌、渊面黑暗"产生，就成为了世界之母。为什么"有"成了世界之母呢？因为我们现在所处的世界范畴，原本都是从"空虚混沌、渊面黑暗"之"有"而来的。在这个"有"之前就是无，无即是道。道不能以"幻有"，而只能以"幻有"消退后的"明"来表达。本始是"道"的"妙觉明元，本元明妙"，"自诸妄想，展转相因，从迷积迷，以历尘劫"，就出现"空虚混沌、渊面黑暗"的取名为"有"了，这个就是"万物之母也"，一切现象的源头从这而来。

所以三大经典解析现象、指向真光，这就是"核心价值观"的内容。不同的经文都以独特语言来表达这个关键词：人类核心价值观。

而且《金刚经》里解释"人类核心价值观"，称之为"正定正觉"，即"阿耨多罗三藐三菩提"，说"无有定法，名'阿耨多罗三藐三菩提'"，这意思就是没有一定说法，而取名为"正定正觉"。又说"一切圣贤皆以无为法而有差别"，在此的"圣贤"即先行入道而向人类传道的先知们。先知们先行经历了人类核心价值观之"道"，当他们把无"幻有"的"真光"传讲给我们听时，因着使用语言，就有种种差别了。

当我们执着在时空之幻的现象里，受困于生老病死的无奈，而体悟不了"人类核心价值观"，即"光明彼岸"或"永生境界"时，我们的生命就诚如叔本华所说的："生命是一团欲望，欲望不满足便痛苦，满足便无聊，人生就在痛苦和无聊之间徘徊。" 如何跳出这团死荫迷谷呢？这不只是叔本华的问题，也是我们每个人的问题呀！我们今天一起来学习文本内容的《圣经》经文，就是为要解决这一重大的人生疑问。我从刚开始就说过"人类核心价值观"这个题目很大，想说清楚，我对自己的口才根本就没有信心。但是耶稣基督，即经文所指向的"真光"，他"道成肉身"，亲自为我们人类讲解的以下这段经文，就完全可以为我们除去迷雾，使我们所有的人都能够解晓宇宙和人生奥秘，由"恨"字了悟与我们性命攸关的人类核心价值观。

以下是文本的经文内容，我想先请大家一起来阅读。

二、文本阅读：《路加福音》第十四章

我们读完了文本内容，其实这段内容是《圣经》中相当重要的，也是很难理解的。我想先请大家提问，然后我愿意结合大家的提问来进行讲解和分享。

提问 1. 很多学生，包括我，对"人到我这里来，若不爱我胜过爱（爱我胜过爱：原文作恨）自己的父母、妻子、儿女、弟兄、姐妹，和自己的性命，就不能做我的门徒"这节经文有点困惑，因为这个观念可能与中国传统的家庭伦理观念是冲突的。所以，作为一个处于中国环境的人会有些疑惑的地方，想耶稣为什么要这么说话，这么说话的目的是什么？

提问 2. 耶稣对请客的人说，不要选择首位，你选首位到时候可能会很尴尬，你选末尾可能会请上首位。这里到底蕴涵着什么意思？

谢谢提问！

"言有君，事有宗"，《圣经》的文字都微言大义，是不可随意改动的。在和合本翻译的这章 26 节里，"人到我这里来，若不爱我胜过爱自己的父母、妻子、儿女、弟兄、姐妹，和自己的性命，就不能做我的门

徒"。这里"爱我胜过爱"原文只是一个"恨"字。

这个原文的"恨"字，如果我们理解到位，就是描述上帝"大爱"的一个画龙点睛的绝妙词汇。但"恨"字在中文语意里，却是"爱"的反义词，用在这里简直可说是颠覆性的一个词汇。以前翻译的人觉得这么翻译出来会太不可思议、太让人无法理解了，所以就去参考《马太福音》的说法，把耶稣在此所说的"恨"字改为"爱我胜过爱……"。在此的原文是耶稣在说："人到我这里来，若不恨自己的父母、妻子、儿女、弟兄、姐妹，和自己的性命，就不能做我的门徒。"我们都知道基督徒讲究爱，因为《圣经》里屡屡教导说"神"是大爱，神爱世人。可是怎么说了爱世人，耶稣却在此又说了做基督徒要"恨"自己的父母、家人，连自己的性命也要"恨"呢？这两样教导好似是完全矛盾，让人无法理解呀！所以在此的"恨"字如果我们不理解，那么我们对《圣经》做再多研究，都会是零零碎碎的学问，即使这里那里研究的很有道理了，但总起来说，都是串不起来的。

《路加福音》第14章讲了三大内容，一是安息日的妙味，一是集妙味之大成的宴席，一是如何做耶稣门徒的真谛。如果我们对这个原文的"恨"字理解到位，那么这一章的三大内容就融会贯通，使我们可以全然明白什么是人类核心价值观了。

《诗篇》第119篇说："神的话一解开，就发出亮光，使愚人通达。"愚人指的就是我们人类，意思是说，我们人类如何不能明白的，然而经文一解开，就能让人豁然开朗，使我们通达了。所以，我们再仔细来回顾刚才阅读的这章经文。如果我们能理解了这个具有颠覆性意义的"恨"字，我们就会豁然开朗，发现何为上帝的真爱。因为整个《路加福音》第14章，就是通过这个"恨"字画龙点睛，使整个文本内容串联起来，

发出亮光，使我们人类都能够知道所说的"人类核心价值观"，也就是上帝的大爱了。

那么，我们首先来详细解读文本的第一个自然段。

（一）安息日——揭示宇宙奥秘和人生使命

上面，我们讲了很多关于"核心价值观"的内容。"无有定法"，称之为核心价值观。那些先行入道而向人类传道的先知、圣贤们，因为借用了语言，而有不同的说法，这个称之为"核心价值观"。既有那么多先知用不同的语言讲"核心价值观"，而我靠自己的口才又怎么都说不清楚，那我们现在就一起来学习"道成肉身"的耶稣基督，看看他是如何来讲解的。其实《圣经》的话很奇妙，用"安息日"一个词，就已经把"核心价值观"讲清楚了。

什么是安息日的意义呢？之前我们说了"本始是道"，本始是"妙觉明元，本元明妙"，是没有眼泪、没有黑暗的光明境界。在"真光明觉"中，"光"就是"明"，"明"就是"光"，这原是"觉、明"一体的。但在光明境界里的永恒生命，我们称之为"光明天使"的，却忽然起念："明"为何是"光"、"光"为何是"明"？从而钻进牛角尖，跌入"空虚混沌、渊面黑暗"，也就是如佛经所说"自诸妄想，展转相因。从迷积迷，以历尘劫"，以后就有宇宙万物的现象了。《楞严经》中有许多篇幅都在讲"空虚混沌、渊面黑暗"的来历，即阴暗的开始。《道德经》也在讲述这个来历，说本始是无"自诸妄想"之幻的，既有了"自诸妄想"之幻，就成为一切现象之世界的由来。《圣经》里更是用"安息日"一词，来为我们揭示创世以来的奥秘和人生使命。

什么是安息日的内容呢？光明天使既"自诸妄想"，陷于"空虚混沌，渊面黑暗"，上帝就因此做工，从第一至六日，自"空虚混沌、渊面黑暗"

的阴间创造出了我们如今这"负阴而抱阳"的世界和人类，这就意味着上帝为"空虚混沌、渊面黑暗"归回本始，而造就了一个完好平台。那么上帝造就这个平台的核心价值何在呢？上帝在第六日用泥土造人，并在人里面吹了一口气，这人就成了有灵的活人。请大家注意，在此的"灵"或"气"，为人类独享，中国人称之为"元气"。有了这"元气"，就地杰人灵，可以"定为圣日"，否则就终究是"空虚混沌、渊面黑暗"。这样的"元气"，就是所说的"完好平台"之价值何在了。

上帝造化了"空虚混沌、渊面黑暗"六日，第七日就定为安息日，即圣日。好比人胡思乱想得精神病了，就给他一个环境，让他静心疗养，直到清心，这人就能够回过神来，归为正常。在此正常的本意就是"真光明觉"。人类核心价值观就在于"空虚混沌、渊面黑暗"可以借着人类"清心"恢复正常，回到"真光明觉"的本始境界。因此《圣经》创 2 章 1~3a 节说："天地万物都造齐了。到第七日，神造物的工已经完毕，就在第七日歇了他一切的工，安息了。神赐福给第七日，定为圣日。"前面的六日都是为第七日而造就的。回到了七日的"圣"，就是回到了"真光明觉"。上帝从起初就为我们人类做成榜样：自"空虚混沌、渊面黑暗"搭建完好平台，让人类能在平台中操练安息，归回光明，这就是安息日的内容了。《新约圣经》的《罗马书》第 8 章 21 节说，"但受造之物仍然指望脱离败坏的辖制，得享神儿女自由的荣耀"，这就表明了人类是天地万物的代表，"空虚混沌、渊面黑暗"要借着人类归回真光明觉。

现在我们再来看一段经文。《圣经·出埃及记》第 31 章 12~14a 节说，耶和华晓谕摩西说："你要吩咐以色列人说，'你们务要守我的安息日，因为这是你我之间世世代代的证据，使你们知道我耶和华是叫你们成为圣的。所以你们要守安息日，以为圣日'。"上帝也就是独一的神，是真光，这里称为耶和华神。安息日是人类和神之间世世代代的证据，就是自"空虚混沌、渊面黑暗"搭建的平台，是要让我们归回真光明觉。经文告诉了我们，上帝就是要我们脱离"天使堕落"的混沌黑暗，而成为圣，归回永生之光。所以上帝从起初就给我们做成榜样，使人类能够遵守而成圣。但人类得到上帝的话语却依然执着理念，那些学习神话语的专家权威们就是定出了许多条规，把上帝的话语当作教条来敬仰，以为"不能看、不能摸、不能工作"，这就是在遵守安息日了。

所以"道成肉身"的上帝，我们称为耶稣基督，就来为这"安息日"正名。他来到我们中间，仍旧是在做成安息日的工作，让我们能够回到核心价值观的所在。他就特别来到那些专门研究、学习《圣经》的权威者家里，为要引领我们人类明白安息日的真义。

在 1～6 节的这个自然段里，法利赛人要"窥探"耶稣，也就是不怀好意地想要看耶稣出洋相。耶稣当然知道他们的用心，于是也明知故问：安息日治病可不可以？所有熟悉旧约背景的人，都知道安息日治病是不允许的，那可是祖宗定下的铁律呀！可在场的人不回答，就等着抓耶稣"犯法"的把柄。

耶稣基督偏偏把我们大家都认为不可以的问题提出来，为的是要破除我们错误的观念，于是他立刻把那个病人治好了。并且说"你们中间谁有驴或有牛在安息日掉在井里，不立时拉它上来？"专家、权威们定出了这么多制度，把上帝的话全都隆重地框起来，以示敬虔，却可惜连基本良知都丢了。正如中世纪最黑暗的宗教裁判所一样，研究《圣经》的权威者们，看似虔诚、狂热，却不明了《圣经》真义，更是昧着良知做了很多恶事。人良知缺失，又十分狂热，这可是非常危险的。

耶稣基督简单明了地先从良知角度来启示核心价值的所在，因为良知是人类最起码的保护。人在世界生存可以没有知识、不明白这个或那个主义或指导思想，但是只要良知清楚，就会少做很多让自己无比后悔的事情。在这节经文里，人如果丢了驴、牛在井里，也会把它拉起来，何况是一个需要帮助的病人呢？法利赛人读了《圣经》，自以为是，却连基本道理都偏掉了，徒有博学名义，实际是丧失天伦。他们的问题在于不能明了安息日的真义，忘了我们整个宇宙"负阴而抱阳"，只是搭建的平台，好让我们归回永生境界。权威者们却把上帝的话当作教条来捆绑人类，凡是触犯他们教条的，便纠之以酷刑，历史已经证明了这是可笑和荒谬的。所以，明白人类核心价值观，首先要从恢复人类的良知开始。

安息日的奥妙包含了人生所有一切的目标所在。我们在世上所做的一切，都有一个目的。我们搭建了各种平台，就是为了来完成人类的重要使命，是要实现"核心价值观"，归回光明境界。人类并非叔本华所说的"生命是一团欲望"。人类没有了信仰和指望，站立的点，因着没有指望而飘忽，才会成为一团欲望。

安息日的意义，或者说人生目标就是在于要尝到"真光明觉"的妙味，基督徒把这称之为"主恩的滋味"。我们在这世上尽到本分和职责了，目的都是要借着短暂生命来实现永恒生命。我们在这世上的成就都不是终极目的，而只是给我们自己能够得享永生而提供的平台和方便。但现在人们都把平台当作人生目标，而沉迷其中了。

我们在此所说的人生的目标，以及实现途径，《圣经》里常用"祈祷"一词来表达。中文字的"祈祷"，就很能说明这个至关紧要的重大问题。"祈祷"就是心向神往、放下自己，直到成为清心的人，好比安息日即搭建一至六日平台，直到进入圣日。"祈、祷"这两个字都有"示"字旁。"示"字，说文解字里有："天垂象，见吉凶，所以示人也。从二。三垂，日月星也。观乎天文，以察时变。示，神事也。凡示之属皆从示。"
古文"二"是表示"上"，也就是日月星辰的全宇宙都是向着上，是要向
天国行进的。"祈祷"的形象就像祭坛，是一张桌子摆上供饼了，"斤"
代表分量，"寿"表示长时间。这就是在说人类要把一生主要的时间和精
力都投放于心向神往。

中文里还有个"光"字，和"祈祷"一样能够很清楚地表达"人类
核心价值观"。我们以后会渐渐发现中国的文字与《圣经》原文的古希腊
字是完全吻合的一个系统。我们来看甲骨文的"光"字，这个字就是展
示了人在跪着祈祷，直到上面是光，交相辉映。

神就是真光，真光来到世界，经历人生，我们称他为耶稣基督。耶
稣基督就是真光，人类归回到真光里，我们就是光明天使了。古人画出
了一个祈祷图像，展示归回真光的途径，直到与光融为一体，这个就是
甲骨文的"光"字。《圣经》里，是用安息日的真义来表达宇宙奥秘和人
生使命的。所以在此讲述的安息日，实际是大有内涵、极有妙味的。

接下来，耶稣就要讲解如此妙味的集大成，即筵席的含义了。

（二）筵席——揭示永生归宿与人类的核心价值

在此我们要注意，读《圣经》不能只看其中的故事，如果只看到故
事，那么妙味就尝不到了。神"道成肉身"亲自在人间传道，不会讲几
个故事就算完成使命了，他讲的话一定是有所指，有内容的。所以诗篇
说："神的话一解开就发出亮光。"老子也在《德篇》中说："吾言甚易知
也，甚易行也，天下莫之能知也，莫之能行也。"这是什么原因呢？原因
就是大家读过经文就当故事听过算了，但如此则妙味就尝不到了。正如
这里的一位《圣经》学者说的，我们把我们能够认识的当作精华，看为
有用，而把不能认识的当作天方夜谭，甚至看为糟粕。如此，《圣经》

就成了一部催眠大书，因为看了也看不懂，只会让人沉睡，但经文的妙味就绝对尝不到了。因此，我们不但要知道经文里讲的故事，更要知道这话中有话的味道。

耶稣之前就说了，法利赛人的这些权威们，他们读了《圣经》却根本不明白《圣经》。我们查考《马太福音》第 23 章，就会发现耶稣基督对法利赛人有过批评严责，让他们羞羞惭惭的无话可说，与这段经文就很有关系。耶稣用比喻，用人类听得懂的语言来表达妙味之集大成，说："你被人请去赴婚姻的筵席，不要坐在首位上。"这里的筵席是指我们的终极归宿，是集妙味之大成的"妙觉明元、本元明妙"，也就是天国。有人听懂了就说"在天国吃饭的有福了"。然而这样的筵席，我们作为法利赛人，作为《圣经》研究的学者和专家们，却未能亲尝经文妙味，反而在人间的高位上指手画脚。所以耶稣就说这样的人，你坐在筵席的首位上都要被赶下来，因为你没有进入妙味境界。所有能够进入这境界的人，都要谦卑，就是"你们若不舍己，背起自己的十字架，就不能跟随我"。当你谦卑祈祷、放下妄念的自己，像那个甲骨文的"光"了，你就能亲尝妙味，要被请到天国的光景，即筵席的首位。谦卑就是讲这个状态，是要常常在祈祷中操练放下自己，只有在此过程中，才能实现我们的人生意义和价值。这样的人是很了不起的。上帝说了，放下自己很简单，"我的担子是轻省的，我的轭是容易的"，然而我们听不懂。能够听懂又去放下的人，就要被请到筵席的首位。而自以为听懂，并且定下各样条规，却未尝妙味的人，最后是要从高位被赶下去的，因为并没有进入妙味境界。所以说"凡自高的，必降为卑，自卑的，必升为高"。

我们常常以为人生的平台，就是在这个世界上有成果，成为了不起的人。但不晓得，成为了不起的人固然是好，但这些都是一个方面，那

不是真正的"高位"，人类的意义不在这平台上的"高位"。在这世上，此"高"彼"高"都是要过去的。然而，只有放下自己而成就祈祷升华，这才是"筵席的首位"。

在此耶稣又对请他的人说："你摆设午饭或晚饭，不要请你的朋友、弟兄、亲属和富足的邻舍，恐怕他们也请你，你就得了报答。你摆设筵席，倒要请那贫穷的、残废的、瘸腿的、瞎眼的，你就有福了！因为他们没有什么可报答你。到义人复活的时候，你要得着报答。"

我们常常说，做学问的人要在世上少惹麻烦，就是"多一事不如少一事"。所以我讲课总强调要力争客观研究，不涉及政治与宗教争端。世上有 N 多种理论和指导思想，今天可说此是彼非，明天可说彼是此非。做真学问要踏踏实实的，多一事不如少一事。我们请客吃饭，总是看重别人的身份、地位，这次我请你，下回你请我，大家就热闹起来。但是耶稣说不要卷入这样的热闹，你请客要请那些没有机会报答你的人，因为这样的人一心在乎真学问，要进入妙味之筵席，他们进入了专门的祈祷。这样的人或许在世上会有各样难处，你要请这样的人吃饭。正如历史上有许多艺术大家，他们通常在成名之前或者在成名过程中，会穷困潦倒，因为专心做学问，是要舍弃自己的。艺术家和学者们尚且如此，更何况一个是在从事人类核心价值观研究的人，这样的人往往会成为世上"小子中的小子"。所以我们请客要请做真学问的人，请清心的人，这样的人通常不做大老板，也怕成为名人。请这样的义人，一旦他成就复活，一定会记得当初帮助过他的人们。

孟子在 2500 年前就说了关于筵席的一段话："君子穷则独善其身，达则兼济天下。"君子即君尊的弟子。耶稣是君尊，徒弟是弟子，所以"君子"就是今天基督徒的意思。这句话中，穷则专心致志找到核心

价值观，得享妙味的筵席，这个过程，就称之为"独善其身"。此过程
实现了，又向众人传道，就称之为"兼济天下"。"核心价值观"的福
分是可以分享的。就如商纣王时的周文王，据史载，他当时只是八百
诸侯之一，势力既弱，军队也少，他为何后来能成为八百诸侯的君主？
究其原因，是他得着核心价值观，他的文化就成为整个国家的文化，
是所有人都需要的。因此，我们国家的强大，不能靠原子弹，因为你
造原子弹，大家也都会造，而且充其量是动动外科手术的工具，是治
标不治本的。但是我们把民族传统文化的"核心价值观"展现出来，
发扬光大，那是真强大。

　　所以在经文里，有人听懂了耶稣的话，就说："在神国里吃饭的有福
了！"耶稣基督也就借这人的话，把筵席的内涵直截了当摆在了我们面前。
（见经文 16～24 节：略）

　　耶稣在此用筵席来表达安息日之终极目标。"安息日"，原本就是告
诉人类，上帝是要给我们人类安息，并且是要借我们人类，使全宇宙从
虚妄状态归回永生、光明的境界。上帝一直在做这个工作，核心价值从
来没有变过。有祈祷经验的人，如果读经文读到成为清心的人，就一定
会经历到"眼"前越来越亮，直到完全进入光明了。安息日并非是说上
帝不做工的意思，而是指让我们人类回到光明境界。上帝他一直在做工，
可是人类却不明白。上帝的话也很简单，可是人类为何不肯听从他呢？
这段经文就告诉我们，是因为有人说"我有五对牛"，有人说"我买了田"，
有人说"我娶妻"。我们都知道安息日的妙味固然好，永生境界谁不想得
到？妙味之大成谁不想亲尝？因为我们人类在过去、现在、未来、前、
后、左、右、上、下的时空里沉迷于幻中之味了。我们"五对牛"的财
富、"买了地"的事业、"娶了妻"的亲情，这些都是幻中之味，产生了

也就没有了，是"念念迁谢"留不住的。可是我们尝了这味道，就把它当作目标，都为这而活，结果全都死了。所以生命的筵席、妙味之集大成，我们都想要，但最后都不能要，而且都拒绝了，关键在于我们沉迷于幻中之味，尝少得足，而真正妙味的筵席我们就无暇顾及了。所以我们在此发现耶稣基督的话就是如此经典，也非常直白。

（三）"算计"——揭示人类核心价值观的必由之路与真谛

上面我们讲了，"安息日"已经表达得很清楚，"妙觉明元、本元明妙"一直都在那里，可是我们归回不到那光景，因为我们把亲情、事业和财富当作终极目标，沉迷在幻中了，而这些没有一样是能留得住的。

第三个自然段，就讲到了核心价值观的必由之路，如果我们不解决这一问题，我们就不能回到真光境界。当初为什么想不通？就是胡思乱想了，所以落入"空虚混沌、渊面黑暗"。"自诸妄想"之后，就攀缘找依附所在。拿什么来依附呢？就是幻中之味的亲情、财富、事业。本来亲情是好的，事业也是好的，大家都要为这些努力，这是我们的本分，如《圣经》所说"神看着一切所造的都甚好"。这些"好"就是为我们提供方便、作为我们应尽本分的，但是我们把这些应尽本分当作向往目标，那就麻烦了。因为我们不再以此作为追求真光目标的方便，反倒在平台上享受生活，得少为足，乐不思蜀了。

所以在这里，"恨"字点明了我们人类务必"恨"我们的劣习，恨得毅然决然，"恨"得豁出去，"恨"得下决心。在此中文的"恨"字与经文妙味完全一致，就如甲骨文"光"字所表达的祈祷全过程。不只是"光"，还有《道德经》中的"德"字也是描述祈祷的。《说文解字》里有："德，升也"，表明了我们人类从舍己而升华的祈祷全过程。《道德经》翻作现代的汉语，也就是"祈祷入道经"。

因此大家看《圣经》之后，如果照着去做，去清心祈祷，就可以尝到这"恨"之妙味。因为你一祈祷就发现自我老习惯，就是根深蒂固的妄念改不掉，除非你"恨"得豁出去，"恨"得毅然决然，"恨"得壮士断臂。所以这个"恨"才是"大爱"，而我们自己的"爱"仅仅是"小爱"。我们"恨"得把"小爱"放下，归回本始的荣光，那就可造福我们所有的亲人和全人类了。俗话说"一人得道，鸡犬升天"，我们通常都把这当作反话来说，但这句话可以对照《圣经》的《罗马书》第 8 章 21～22节："受造之物仍然指望脱离败坏的辖制，得享神儿女自由的荣耀。我们知道一切受造之物一同叹息、劳苦，直到如今。"宇宙万物是一个整体，而这个整体回归，是要借"大爱"，即耶稣基督在经文所说的"恨"来完成的。如果我们不"恨"得毅然绝然、不"恨"得放下自己、以至清心，就进入不了荣光境界。"清心的人，必得见神"，不完成这个过程，我们最终都无法爱我们亲人和周边的人，我们自己也都流离失所，来自"空虚混沌、渊面黑暗"，又回到那里去了。

人类要完成这归回荣光的大使命，耶稣基督在此就用"算计"一词。

以色列人从小就学两门功课，一个是学一技之长，让自己长大后能够得以存活，一个是要读《圣经》。我们成为企业家、学者尚且需要思考、准备，进行成本核算，何况我们要尝到集妙味之大成的筵席，完成终极归宿的过程，怎么可以不"算计"呢？所以耶稣基督就用"算计"打比方，来揭示我们人类的必由之路与真谛，并且告诫我们："盐本是好的，盐若失味，还拿什么再叫它咸呢？"我们学习经文的话语，这是好的，可是我们学这些话却不下功夫领会内涵，照着经文的话去做，而是考究文字，会讲故事，宣称自己是专家、神学家了。这样的人所讲出来的，貌似都是经文的话，但自己却尝不到经文妙味，也没有一点本领。这样的人不但尝不到安息日"妙觉明元、本元明妙"的味道，连世上的味道也没有尝到，因为一天到晚在读经文，连亲情、事业、财富的味道也没有尝到。所以耶稣就说读了经文，却没有进入味道，比不读经文的人还要可怜。

三、综述：由"恨"字彰显大爱，揭示人类核心价值观

最后我们来回顾下整个内容。《路加福音》第 14 章通篇讲了三大内容，一是安息日的妙味，二是集妙味之大成的筵席，三是如何做耶稣门徒的真谛。耶稣基督用一个"恨"字，把他的大爱传达给了我们。人类若不借着"恨"，就无法进入大爱。一个"恨"字就已经把新旧约《圣经》的基本内容都给说明了，也把我们今天所讲的内容都给串起来了。

"本始是道，道和神同在，道就是神"，这个就是"妙觉明元，本元明妙"的真光境界和永生国度。然而"天使堕落"，那些在"妙觉明元，本元明妙"里的永生者们犯妄念的迷糊，进入了"空虚混沌、渊面黑暗"的阴间。于是上帝动了"一至六日"的工，建设了宇宙万物这个以人类为代表的阳间，为要借这个平台使"空虚混沌、渊面黑暗"归回"妙觉明元，本元明妙"的"圣日"，即永生国度。所以人类的使命和本分就是要向上帝即天父学习，要建设好"一至六日"的工作与生活的平台，目的是祈祷安息，直到尝得妙味，归回"妙觉明元，本元明妙"的永生国度。

借着阳间，使阴间归回光明国度，在此过程的关键是要消除"妄念"，也就是释迦佛所说"彼之众生幻身灭故，幻心亦灭，幻心灭故，幻尘亦灭，幻尘灭故，幻灭亦灭，幻灭灭故，非幻不灭。譬如磨镜，垢尽明现"。但是我们人类还是传承了根深蒂固的迷糊，我们总是注重眼前的"幻中之

味"，把我们的财富、亲情、事业，把这主义那主义、这理想那理想的误当作人类核心价值观了，以至于我们尝了这些"幻中之味"，就再不要尝那个真正的味道，结果使我们人类依然落入"空虚混沌、渊面黑暗"的阴间。

俗话说"一人得道、鸡犬升天"，我们如果不恨到毅然决然，不恨到豁出去，我们就无法舍己而祈祷、而安息、而实现人类核心价值，使我们自己，我们的亲人、邻舍，即所有人类，以至整个世界都归回光明与永恒的国度。

所以，这个原文的"恨"字，微言而大义，画龙点睛地描画出了上帝非常奇妙的"大爱"。我们对这个"恨"字理解到位了，那么这一章的三大内容就可融会贯通，使我们全然明白什么是我们人类的核心价值观。

附录

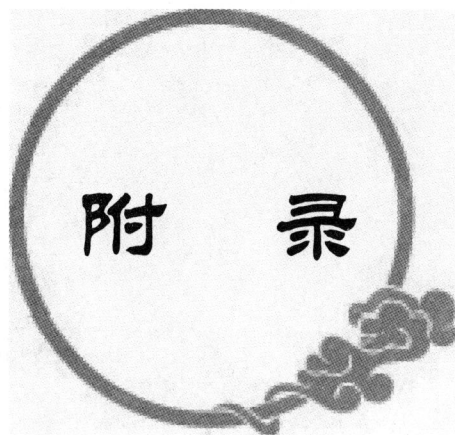

《金刚经》诵读篇

《金刚经》今译本

　　我听说是这样的。当时,佛在舍卫国的旨树益独苑,和出家弟子一千两百五十人相聚。那时,世尊在吃饭时间就穿外衣、拿饭钵,到舍卫国都城去讨饭;于城内挨家挨户讨要了,再返回原处吃饭、收拾衣钵、洗脚;然后铺垫打坐。

　　这时,长老须菩提从大众中离座起身,袒露右肩、右膝着地、合上手掌,而恭恭敬敬地问佛说:"稀奇少有的世尊啊,如来善于顾念各位菩萨,善于嘱咐各位菩萨!世尊啊,善男善女们发正定正觉入善境界的心了,又该怎样入住,怎样降服己心呢?"

　　佛就回答:"很好!很好!须菩提,正像你所说,如来善于顾念各位菩萨,善于嘱咐各位菩萨!你今天好好听着,是该为你解说了。善男善女们发正定正觉入善境界的心,就该如此入住,如此降服己心。"

　　"世尊哪,这真是甘心乐意所要听的!"

　　佛告诉须菩提:"各位菩萨大士应该如此降服己心:所有一切众生之类,像卵生的、像胎生的、像湿润生的、像变化生的、像有形色的、像无形色的、像有思想的、像无思想的、像并非有思想也并非无思想的,我一概都祈使他们入真光境界而灭度。如此灭度了无量、无数、无边的众生,但实际是并无任何众生得灭度的。何因何故呢?须菩提,

如果菩萨还有我相状、人相状、众生相状、寿命相状，也就并非是菩萨了。

再还有，须菩提，菩萨对于律法，应该无所入住，修行于供奉善事。所谓不入住形色的供奉善事，不入住声、香、味、触、法的供奉善事。

须菩提，菩萨应该如此供奉善事，不入住于相状。何因何故呢？如果菩萨不入住相状地供奉善事，他的福德就不可估量。

须菩提，想想为什么？东方的虚空可以估量吗？"

"不能的，世尊。"

"须菩提，南、西、北方，前后左右上下的虚空可以估量吗？"

"不能的，世尊。"

"须菩提，菩萨不入住相状地供奉善事，福德也将如此不可估量。

须菩提，菩萨就该如所教导的入住。

须菩提，想想为什么？可以凭身体相状见识如来吗？"

"不能的，世尊。不可凭身体相状来见识如来。何因何故呢？如来所说的身体相状，也就是并无身体相状。"

佛告诉须菩提："所有一切的相状，全都是虚无幻妄。如果见识了种种相状并无相状，就见识如来了。"

须菩提问佛说："世尊，有相当多众生听到像这样传讲的文章句子了，会产生确实的信仰吗？"

佛告诉须菩提："切不可这么说！如来灭没再过五百年了，有哪位持戒修佛的人能够对这文章句子产生信心、以此为实，就当知道这人不是从一位佛，两位佛，三、四、五位佛处种植了善根，而是已经从无量千万位佛那里种植了各样善根！听了这文章句子，甚至会一念间就产生纯净信仰的。

须菩提,如来全都能知能见,这一些众生将得到像这样无量的福德。何因何故呢?这一些众生已经不再是我相状、人相状、众生相状、寿命相状,即没有法相状也没有非法相状了。何因何故呢?这一些众生如果还心取相状,就是在执着我、人、众生、寿命。如果取法相状,即执着我、人、众生、寿命。何因何故呢?如果取非法相状,即执着我、人、众生、寿命。也因此,既不该取法,也不该取非法。因着这样的义理,如来就常说:你们这班出家弟子要懂得我说法也就如木筏的比喻。经文律法尚且要舍,何况非法了。

须菩提,想想为什么?如来得了正定正觉入善境界吗?如来还有所说的法吗?"

须菩提说:"就我理解佛所说的本义,没有一定之法而取名'正定正觉入善境界',并且也没有一定之法是如来可说的。何因何故呢?如来所说的法都不可形取,无可称道,既不是法也不是非法。原因何在呢?一切圣贤都因着'无为'之法而各有差别。"

"须菩提,想想为什么?假如人以装满三千大千世界的七宝,用作供奉善事,那人所得的福德可算为多吧?"

须菩提回答:"太多了,世尊。何因何故呢?那类福德还并非是福德的本性,所以如来说福德'多'了。"

"又如果有人从这部经书中领受和修持了甚至只是四句偈语,而为他人传讲,这个人的福分便胜过那人。何因何故呢?须菩提,一切的佛,以及各位佛的正定正觉入善境界法,全都从这部经义而出。

须菩提,所称谓'佛法'的,也就是并无佛法。

须菩提,想想为什么?须陀洹能抱有这种理念,'我获得了须陀洹的成果'?"

须菩提回答："不能的，世尊。何因何故呢？须陀洹名为入流，从'无'而入，不入色、声、香、味、触、法，这才取名'须陀洹'。"

"须菩提，想想为什么？斯陀含能抱有这种理念，'我获得了斯陀含的成果'？"

须菩提回答："不能的，世尊。何因何故呢？斯陀含号称'一往来'，而实际已往来于'无'，这才取名斯陀含。"

"须菩提，想想为什么？阿那含能抱有这种理念，'我获得了阿那含的成果'？"

须菩提回答："不能的，世尊。何因何故呢？阿那含名为'不来'，实际已'无'而不来，所以才取名阿那含。"

"须菩提，想想为什么？阿罗汉能抱有这种理念，'我获得了阿罗汉的成果'？"

须菩提回答："不能的，世尊。何因何故呢？实际已没有了法，才取名阿罗汉。世尊，如果阿罗汉抱有这种理念，'我获得了阿罗汉之道'，也就是执着于我、人、众生和寿命了。世尊，佛说我已获得'清心正定'，作为人的第一境界，是第一脱离欲界的阿罗汉了。世尊，我却不抱有这种理念：我是脱离欲界的阿罗汉了。世尊，我如果抱有这种理念，'我获得阿罗汉之道了'，世尊就不会说须菩提是热衷清心修行的人。正因须菩提实际已修行于'无'，这才指称须菩提是热衷清心修行的。"

佛对须菩提说："想想为什么？如来过去在然灯佛那里，对于经文律法还有得着之处吗？"

"没有了，世尊。如来在然灯佛那里，对于经文律法，实际已没有任何得着之处了。"

"须菩提，想想为什么？菩萨庄严了佛土吗？"

"没有，世尊。何因何故呢？所谓'庄严'佛土，也就是并无庄严，只是取名庄严。"

"也因此，须菩提，各位菩萨大士应该如此生出清净的心，而不该入住形色生出心来，不该入住声、香、味、触、法生出心来，应该无所入住而生出这样的心。

须菩提，就比方有人的身体像须弥山峰，想想为什么？这样的身体可算为高大吗？"

须菩提回答："太高大了，世尊。何因何故呢？佛说了并无身体，只是取名高大身体。"

"须菩提，就像恒河中所有沙砾的数量，像这些沙之多的恒河，想想为什么？如此之多恒河的沙砾可算为多吗？"

须菩提回答："太多了，世尊。仅这些恒河就已经无数多，何况河中沙砾了。"

"须菩提，我今日对你实话实说：假如有善男善女们以七宝装满这等恒河之沙数的三千大千世界，用作供奉善事，所得的福分多吗？"

"太多了，世尊。"

佛告诉须菩提："如果善男善女们从这部经书中，甚至只是领受和修持了四句偈语，又为他人传讲，这福德就胜于前者的福德。

再还有，须菩提，随遇而解说这经书了，甚至只是四句偈语，就当知道这样的场合，凡是时空界的升华之灵、人类、待升之灵都应该供之养之，如同佛的塔庙。更何况有人尽能领受、修持、朗读和传诵。

须菩提，要知道这样的人是在成就最上、第一稀奇少有的经文律法。

如此的经典所在之处，也就是因着有佛和尊鼎般贵重的弟子。"

那时，须菩提问佛说："世尊，该当怎样命名这部经书呢？我们这些人又怎样来供奉、修持呢？"

佛告诉须菩提："这经书命名为《金刚般若波罗蜜》，凭这名字，你们就当供奉、修持。原因何在呢？须菩提，佛说了般若波罗蜜，也就是并无般若波罗蜜，只是取名般若波罗蜜。

须菩提，想想为什么？如来还有所说的经文律法吗？"

须菩提回答佛说："世尊，如来已经无所可说。"

"须菩提，想想为什么？三千大千世界的所有微尘，那些算为多吗？"

须菩提说："太多了，世尊。"

"须菩提，种种微尘，如来说并无微尘，只是取名微尘。如来说了世界，却并无世界，只是取名世界。

须菩提，想想为什么？可以凭三十二种相状见识如来吗？"

"不能的，世尊。不可凭三十二种相状得见如来。何因何故呢？如来说三十二种相状，也就是这样的并无相状，只是取名三十二种相状。"

"须菩提，假如有善男善女们以恒河沙之多的身体、性命来供奉善事，假如又有人在这部经书中，甚至只是领受和修持四句偈语，并为他人传讲，这人的福分就丰盛有余了。"

这时，须菩提听到这经书演说，已经深深解悟了本义趣向，就涕泪交加地悲泣着，回应佛说："稀奇少有的世尊啊，佛演说了如此深湛的经典，我从以往所得的观悟眼都未曾听到过如此的经文！

世尊，如果再有人听到了这经书，信而清心、洁净，即显现实相，当知道这人便在成就第一稀奇少有的功德。

世尊，这个'实相'，也就是这样的并无相状，所以如来演说而取名'实相'。

世尊，我今日听到了如此经典，信而解悟、领受和修持就不足为难。如果在未来世的后五百年，期间有众生听到了这经书信而解悟、领受并修持，这人可就成为第一稀奇少有了！何因何故呢？这样的人已经没有了我相状、没有了人相状、没有了众生相状、没有了寿命相状。原因何在呢？我相状，也就是这样的并无相状。人相状、众生相状、寿命相状，也就是这样的并无相状。何因何故呢？脱离一切的种种相状，也就是取名众佛了。"

佛告诉须菩提："是的！是的！如果再有人听到了这经书不惊恐、不疑惧、不畏缩，就当知道这人是极为稀奇少有的。何因何故呢？须菩提，如来说了第一波罗蜜，也就是并无第一波罗蜜，只是取名第一波罗蜜。

须菩提，忍辱波罗蜜，如来说了并无忍辱波罗蜜，只是取名忍辱波罗蜜。何因何故呢？须菩提，就如我以前曾被歌利王割截身体，我于那时已没有了我相状，没有了人相状，没有了众生相状，没有了寿命相状。何因何故呢？我于以往的昔在被节节肢解时，如果还有我相状、人相状、众生相状、寿命相状，便应该产生嗔恨了。

须菩提，再想想过去于五百个世代作为忍辱仙人，在那等世代也都没有我相状，没有人相状，没有众生相状，没有寿命相状。也因此，须菩提，菩萨应该离弃一切相状，发出正定正觉入善境界的心，而不该入住形色生出心来，不该入住声、香、味、触、法生出心来，应该生出无所入住的心。如果心有所住，也就成为并无入住。所以佛说菩萨的心，

不该入住形色而供奉善事。

须菩提，菩萨为了一切众生利益的缘故，应该如此供奉善事。如来说一切种种的相状，也就是这样的并无相状。又说一切众生，也就是并无众生。

须菩提，如来是说真话的，说实话的，讲比喻的，不说虚妄的，不奇谈怪论的。

须菩提，如来所得之法，这样的法没有虚实之辨。

须菩提，如果菩萨的心入住于法，而操练供奉善事，正像人进入黑暗，也就无所看见了。如果菩萨的心不入住于法，而操练供奉善事，正像人有眼目，日光照亮，就看清楚一切了。

须菩提，将来的世代，如果有善男善女们能够从这部经书中领受、修持、朗读、传诵，也就会成为如来。凭着佛智慧就完全知道这样的人，完全看见这样的人，都得以成就无量无边的功德。

须菩提，假如有善男善女们在上午用恒河沙之多的身体来供奉善事，中午再用恒河沙之多的身体来供奉善事，下午也用恒河沙之多的身体来供奉善事，像那样无量、百千万亿劫时间的用身体来供奉善事；又如果有人听见这部经典，信心不可逆转，这福分就胜于那样了。何况还书写出来、领受修持、阅读朗诵，为他人作解说呢！

须菩提，总而言之，这经书有不可思议、不可计量、无边无际的功德，是如来为发大乘愿的人说、为发最上乘愿的人说的。如果有人能够领受、修持、朗读、传诵，广泛地为他人演说，如来就完全知道这样的人、完全看见这样的人，都得以成就不可量、不可数、没有边际、不可思议的功德。像这样的一些人，也就是专为承担如来正定正觉入善境界的。何因何故呢？须菩提，假如爱好入世小法的人，执着于我观念、人观念、众生观念、寿命观念,那么对于这部经文就不能听而领受,阅读朗诵,为他人讲解和演说了。

须菩提,在任何时候和任何地方,如果有这部经书,凡是时空界的升华之灵、人类、待升之灵都应该来供之养之。要知道此处即宝塔所在,都应该恭恭敬敬来围绕礼拜,而把各种花香撒在这里。

再还有,须菩提,假如善男善女们领受、修持、朗读和传诵这部经书,如果仍被人轻视、作贱,这样的人虽前世罪业应该坠落恶处所,也因着今世被人轻视、作贱,前世罪业便消除灭尽,而得以正定正觉入善境界了。

须菩提,想想过去无量无数劫的时间,在然灯佛之前,我曾得遇八百四千万亿倍数的各位佛,全都供养服侍了,没有疏忽过一位的。如果再有人在后来的世代能够领受、修持、朗读和传诵这部经书,所得功德,以我供养那么多位佛的功德,也不及这百分之一,千分、万分、亿分之一,甚至算数比喻也无法可及。

须菩提,如果善男善女们在后来的世代有领受、修持、朗读和传诵这部经书的,所得功德,我如果全说出来,或许有人听见,心就狂乱,会狐疑不信了。

须菩提,要知道这些经文义旨是不可思议的,果效回报也是不可思议的。”

那时,须菩提问佛说:“世尊,善男善女们发了正定正觉入善境界的心,应该怎样入住,怎样降服己心呢?”

佛就告诉须菩提:“善男善女们发了正定正觉入善境界心的,当怀如此之心:我应该灭度一切众生,但灭度一切众生了,也没有任何众生是实际已灭度的。

何因何故呢？须菩提，如果菩萨还有我相状、人相状、众生相状、寿命相状，也就并非是菩萨了。原因何在呢？须菩提，实际并没有法，才发正定正觉入善境界心的。

须菩提，想想为什么？如来在然灯佛那里，还有法得以正定正觉入善境界吗？"

"没有，世尊。就我理解佛所说的本义，佛在然灯佛那里已经没有法了，才得以正定正觉入善境界。"

佛说："是的！是的！须菩提，实际已经没有法了，如来才得以正定正觉入善境界。

须菩提，如果还有法，如来得以正定正觉入善境界的，然灯佛也就不会为我预表：你在来世必将成佛，尊号'释迦牟尼'。因实际已经没有法了，才得以正定正觉入善境界，所以然灯佛会为我预表，作此宣言：你在来世必将成佛，尊号'释迦牟尼'。

何因何故呢？'如来'，也就是种种法反映本义。如果有人要说'如来得以正定正觉入善境界了'，须菩提，实际已经没有法，佛才得以正定正觉入善境界。

须菩提，如来所成就的正定正觉入善境界，在此之中，已经没有了虚实之辨。也因此，如来演说的一切法全都是成佛之法。

须菩提，所谓的'一切法'，也就是并无一切法，才所以取名一切法。

须菩提，就比如人身体长得高大吧。"

须菩提说："世尊，如来说人身体长得高大，也就因为并无高大身体，只是取名高大身体。"

"须菩提，菩萨也一样，如果这么宣称：我要灭度无数众生，就

不能叫作菩萨了。何因何故呢？须菩提，实际已经没有法了，才取名
为菩萨。也因此，佛说的一切法都没有我，没有人，没有众生，没有
寿命。

须菩提，如果菩萨这么宣称：我要庄严佛土，那就不叫作菩萨了。
何因何故呢？须菩提，如来所说'庄严'佛土，也就是并无庄严，只是
取名庄严。

须菩提，如果菩萨而通达了无我之法的，如来说这才叫作真菩萨。

须菩提，想想为什么？如来有肉眼吗？"

"是这样的，世尊，如来有肉眼。"

"须菩提，想想为什么？如来有天德眼吗？"

"是这样的，世尊，如来有天德眼。"

"须菩提，想想为什么？如来有观悟眼吗？"

"是这样的，世尊，如来有观悟眼。"

"须菩提，想想为什么？如来有法眼吗？"

"是这样的，世尊，如来有法眼。"

"须菩提，想想为什么？如来有佛眼吗？"

"是这样的，世尊，如来有佛眼。"

"须菩提，想想为什么？就如恒河中所有的沙砾，佛说的是沙砾吗？"

"是这样的，世尊，如来说的是沙砾。"

"须菩提，想想为什么？就如一恒河中的全部沙砾，有这些沙砾之
多的恒河，以及所有这些恒河沙数的佛世界，像这样可算为多吗？"

"太多了，世尊。"

佛告诉须菩提："那么多国土之中，所有众生的各样心态，如来完全
知晓。何因何故呢？如来说的种种心，全都是无心，只是取名为心。原

因何在呢？须菩提，过去的心无可拥有，现在的心无可拥有，未来的心无可拥有。

须菩提，想想为什么？假如有人以装满三千大千世界的七宝，用作供奉善事，这个人以这样的因缘，所得的福分多吧？”

“是的，世尊。此人以这样的因缘，所得的福分太多了！”

“须菩提，如果福德实有，如来就不说得到福德多了。因着福德并无的缘故，如来才说得到福德‘多’了。

须菩提，想想为什么？佛可以凭美满形体来见识吗？”

“不行的，世尊。如来不该凭美满形体来见识。何因何故呢？如来说美满形体，也就是并无美满形体，只是取名美满形体。”

“须菩提，想想为什么？如来可以凭美满的种种相状来见识吗？”

“不行的，世尊。如来不该凭美满的种种相状来见识。何因何故呢？如来说种种相状的美满，也就是并无美满，只是取名种种相状的美满。”

“须菩提，你别以为如来抱有这种理念：我要有所说法。切不可抱有这种理念！何因何故呢？如果人们宣称如来还有所说的法，也就在诽谤佛，是不能理解我所说的缘故了。

须菩提，所谓说法，就是无法可说，只是叫作说法。”

那时，有灵感促使须菩提问佛说：“世尊啊，有相当多众生在未来的世代听到了传讲这样的法，会产生信心吗？”

佛说：“他们并不是众生，也不是‘非众生’。何因何故呢？须菩提，‘众生众生’，如来说并无众生，只是取名众生。”

须菩提问佛说：“世尊，佛得了正定正觉入善境界，是为无所而得吗？”

佛回答："是的！是的！须菩提，我于正定正觉入善境界，以至再无一点的法可以得，这就称为正定正觉入善境界。

再还有，须菩提，此法平等而没有高下，这就称为正定正觉入善境界。以无我、无人、无众生、无寿命，修行一切至善的法，也就得以正定正觉入善境界了。

须菩提，所讲述的'至善之法'，如来说并无至善之法，只是取名至善之法。

须菩提，如果三千大千世界中所有各座宏伟庄严的须弥山，如此之多的七宝都聚在一起，有人都拿来用作了供奉善事；如果人们凭这部《般若波罗蜜经》，甚至只是四句偈语，而领受、修持、诵读、为他人演说；前者的福德就不及这样的百分之一，而且百分、千分、万分、亿分之一，以至算数比喻也无法可及。

须菩提，想想为什么？你们别都以为如来抱有这种理念：我应当普度众生。

须菩提，切不可抱有这种理念！何因何故呢？实际是并没有众生由如来普度的。如果有众生由如来普度，如来就有了我、人、众生、寿命。

须菩提，如来说的'有我'，也就是并非有我，而凡夫俗子的世人都以为有我。

须菩提，'凡夫俗子'，如来说的也就是并无凡夫俗子，只是取名凡夫俗子。

须菩提，想想为什么？可以凭三十二种相状认知如来吗？"

须菩提回答："是的！是的！凭三十二种相状认知如来。"

佛说："须菩提，如果是凭三十二种相状认知如来，转轮圣王也就是

这样的如来了。"

须菩提对佛说："世尊，就我理解佛所说的本义，不该凭三十二种相状认知如来。"

那时，世尊就说了偈语：

"'如果凭形色来见识我，

凭发音和声响来求告我，

这人是行邪道，

便不能见识如来。'

须菩提，你也许抱有这种理念：如来是不凭借美满相状，而得以正定正觉入善境界的。须菩提，切不可抱有这种理念：如来是不凭借美满相状，而得以正定正觉入善境界的！

须菩提，你也许抱有这种理念：发心于正定正觉入善境界的，会以为种种法是断绝灭空，切不可抱有这种理念！何因何故呢？发心于正定正觉入善境界的，关于法，就已经否认了断绝灭空相状。

须菩提，假如菩萨以装满恒河沙之多的世界七宝来供奉善事，又如果有人懂得一切的法并无自我，而得以成就安忍不拔，这样的菩萨就胜于前者菩萨所得的功德了。何因何故呢？须菩提，就由于菩萨们是不收受福德的。"

须菩提问佛说："世尊，菩萨为什么不收受福德呢？"

"须菩提，菩萨所作的福德，不该贪图和执着，也因此说不收受福德。

须菩提，如果有人宣称'如来或来、或去、或坐、或卧'，这样的人并不理解我所说的本义。何因何故呢？'如来'，既无所从来，也无所去，所以取名如来。

须菩提,如果善男善女们把三千大千世界碾碎为微尘,想想为什么? 这样的微尘数量可算为多吧?"

须菩提回答:"太多了,世尊。何因何故呢? 如果这些微尘众多是实有的,佛也就不会说这些微尘众多了。原因何在呢? 佛说微尘众多,也就是并无微尘众多,只是取名微尘众多。

世尊啊,如来所说三千大千世界,也就是并无世界,只是取名世界。原因何在呢? 如果世界实有,也不过是这么一综合相状。如来说一综合相状,也就是并无一综合相状,只是取名一综合相状。"

"须菩提,'一综合相状',也就是如此的无可称道,然而凡夫俗子的世人都贪图和执着在这样的事上。

须菩提,人如果宣称,'佛也说了我观念、人观念、众生观念、寿命观念。'须菩提,想想为什么? 这个人已经理解我所说的本义吗?"

"没有,世尊。这个人并未理解如来所说的本义。何因何故呢? 世尊说的我观念、人观念、众生观念、寿命观念,也就是并无我观念、人观念、众生观念、寿命观念,只是取名我观念、人观念、众生观念、寿命观念。"

"须菩提,发心于正定正觉入善境界的,在一切的法上都应该如此知晓、如此见识、如此信证解悟,便不会产生法相状。

须菩提,所讲到的'法相状',如来说的也就是并无法相状,只是取名法相状。

须菩提,如果有人以装满无量无数个世界的七宝,拿来用作供奉善事;如果有善男善女发了觉悟心的,秉持这部经书,甚至只有四句偈语而领受、修持、朗读、传诵,并为他人演讲解说,这些人的福分便胜过前者。

要如何为他人演讲解说呢？不取决于那相状的，如实反映那不改动的！何因何故呢？

　　'一切有为作法，

　　都如梦幻泡影，

　　像晨露，也像闪电，

　　应操作如此的观悟。'"

　　佛说了这部经书之后，长老须菩提，以及众出家弟子、女弟子、居士、女居士，和一切在时空界的升华之灵、人类、待升之灵，他们听到了佛所说的，都皆大欢喜，并且信而领受，奉持修行。

《金刚经》鸠摩罗什译本

如是我闻。一时,佛在舍卫国祇树给孤独园,与大比丘众千二百五十人俱。尔时,世尊食时著衣、持钵,入舍卫大城乞食;于其城中次第乞已,还至本处饭、食讫,收衣钵,洗足已,敷座而坐。

时,长老须菩提在大众中即从座起,偏袒右肩、右膝着地、合掌恭敬而白佛言:“希有世尊,如来善护念诸菩萨、善付嘱诸菩萨!世尊,善男子善女人发阿耨多罗三藐三菩提心,云何应住,云何降伏其心?”

佛言:“善哉!善哉!须菩提,如汝所说,如来善护念诸菩萨,善付嘱诸菩萨!汝今谛听,当为汝说。善男子善女人发阿耨多罗三藐三菩提心,应如是住,如是降伏其心。”

“唯然,世尊!愿乐欲闻。”

佛告须菩提:“诸菩萨摩诃萨应如是降伏其心:所有一切众生之类,若卵生、若胎生、若湿生、若化生、若有色、若无色、若有想、若无想、若非有想非无想,我皆令入无余涅槃而灭度之。如是灭度无量、无数、无边众生,实无众生得灭度者。何以故?须菩提,若菩萨有我相、人相、众生相、寿者相,即非菩萨。

复次,须菩提,菩萨于法,应无所住,行于布施。所谓不住色布施,不住声、香、味、触、法布施。

须菩提，菩萨应如是布施，不住于相。何以故？若菩萨不住相布施，其福德不可思量。

须菩提，于意云何？东方虚空可思量不？"

"不也，世尊。"

"须菩提，南、西、北方，四维、上下、虚空可思不？"

"不也，世尊。"

"须菩提，菩萨无住相布施，福德亦复如是不可思量。须菩提，菩萨但应如所教住。

须菩提，于意云何？可以身相见如来不？"

"不也，世尊。不可以身相得见如来。何以故？如来所说身相，即非身相。"

佛告须菩提："凡所有相，皆是虚妄。若见诸相非相，则见如来。"

须菩提白佛言："世尊，颇有众生得闻如是言说章句，生实信不？"

佛告须菩提："莫作是说！如来灭后，后五百岁，有持戒修佛者于此章句能生信心、以此为实，当知是人不于一佛，二佛，三、四、五佛而种善根，已于无量千万佛所种诸善根！闻是章句，乃至一念生净信者。

须菩提，如来悉知悉见，是诸众生得如是无量福德。何以故？是诸众生无复我相、人相、众生相、寿者相，无法相亦无非法相。何以故？是诸众生若心取相，则为著我、人、众生、寿者。若取法相，即著我、人、众生、寿者。何以故？若取非法相，即著我、人、众生、寿者。是故不应取法，不应取非法。以是义故，如来常说：汝等比丘知我说法如筏喻者。法尚应舍，何况非法。

须菩提，于意云何？如来得阿耨多罗三藐三菩提不？如来有所说法不？"

须菩提言:"如我解佛所说义,无有定法名阿耨多罗三藐三菩提,亦无有定法如来可说。何以故?如来所说法皆不可取,不可说,非法非非法。所以者何?一切贤圣皆以无为法而有差别。"

"须菩提,于意云何?若人满三千大千世界七宝,以用布施,是人所得福德宁为多不?"

须菩提言:"甚多,世尊。何以故?是福德即非福德性,是故如来说福德多。"

"若复有人于此经中受持乃至四句偈等,为他人说,其福胜彼。何以故?须菩提,一切诸佛,及诸佛阿耨多罗三藐三菩提法,皆从此经出。

须菩提,所谓佛法者,即非佛法。

须菩提,于意云何?须陀洹能作是念,我得须陀洹果不?"

须菩提言:"不也,世尊。何以故?须陀洹名为入流,而无所入,不入色、声、香、味、触、法,是名须陀洹。"

"须菩提,于意云何?斯陀含能作是念,我得斯陀含果不?"

须菩提言:"不也,世尊。何以故?斯陀含名一往来,而实无往来,是名斯陀含。"

"须菩提,于意云何?阿那含能作是念,我得阿那含果不?"

须菩提言:"不也,世尊。何以故?阿那含名为不来,而实无不来,是名阿那含。"

"须菩提,于意云何?阿罗汉能作是念,我得阿罗汉道不?"

须菩提言:"不也,世尊。何以故?实无有法,名阿罗汉。世尊,若阿罗汉作是念,我得阿罗汉道,即著我、人、众生、寿者。世尊,佛说我得无诤三昧,人中最为第一,是第一离欲阿罗汉。我不作是念,我是离欲阿罗汉。世尊,我若作是念,我得阿罗汉道,世尊则不说须菩提是乐阿兰那行者。以须菩提实无所行，而名须菩提，是乐阿兰那行。"

佛告须菩提："于意云何？如来昔在然灯佛所，于法有所得不？"

"不也，世尊。如来在然灯佛所，于法实无所得。"

"须菩提，于意云何？菩萨庄严佛土不？"

"不也，世尊。何以故？庄严佛土者，即非庄严，是名庄严。"

"是故须菩提，诸菩萨摩诃萨应如是生清净心，不应住色生心，不应住声、香、味、触、法生心，应无所住而生其心。

须菩提，譬如有人身如须弥山王，于意云何？是身为大不？"

须菩提言："甚大，世尊。何以故？佛说非身，是名大身。"

"须菩提，如恒河中所有沙数，如是沙等恒河，于意云何？是诸恒河沙宁为多不？"

须菩提言："甚多，世尊。但诸恒河尚多无数，何况其沙！"

"须菩提，我今实言告汝：若有善男子善女人以七宝满尔所恒河沙数三千大千世界，以用布施，得福多不？"

须菩提言："甚多，世尊。"

佛告须菩提："若善男子善女人于此经中，乃至受持四句偈等，为他人说，而此福德胜前福德。

复次，须菩提，随说是经，乃至四句偈等，当知此处，一切世间天、人、阿修罗皆应供养，如佛塔庙。何况有人尽能受、持、读、诵。

须菩提，当知是人成就最上、第一希有之法。若是经典所在之处，即为有佛、若尊重弟子。"

尔时，须菩提白佛言："世尊，当何名此经，我等云何奉持？"

佛告须菩提："是经名为《金刚般若波罗蜜》，以是名字，汝当奉持。所以者何？须菩提，佛说般若波罗蜜，即非般若波罗蜜，是名般若波罗蜜。

须菩提，于意云何？如来有所说法不？"

须菩提白佛言："世尊，如来无所说。"

"须菩提，于意云何？三千大千世界所有微尘，是为多不？"

须菩提言："甚多，世尊。"

"须菩提，诸微尘，如来说非微尘，是名微尘。如来说世界，非世界，是名世界。

"须菩提，于意云何？可以三十二相见如来不？"

"不也，世尊。不可以三十二相得见如来。何以故？如来说三十二相，即是非相，是名三十二相。"

"须菩提，若有善男子善女人以恒河沙等身命布施，若复有人于此经中，乃至受持四句偈等，为他人说，其福甚多。"

尔时，须菩提闻说是经，深解义趣，涕泪悲泣，而白佛言："希有世尊，佛说如是甚深经典，我从昔来所得慧眼未曾得闻如是之经。世尊，若复有人得闻是经信心清净，即生实相，当知是人成就第一希有功德。世尊，是实相者，即是非相，是故如来说名实相。

世尊，我今得闻如是经典，信、解、受、持，不足为难。若当来世后五百岁，其有众生得闻是经信、解、受、持，是人则为第一希有。何以故？此人无我相，无人相，无众生相，无寿者相。所以者何？我相，即是非相。人相、众生相、寿者相，即是非相。何以故？离一切诸相，即名诸佛。"

佛告须菩提："如是！如是！若复有人得闻是经不惊、不怖、不畏，当知是人甚为希有。何以故？须菩提，如来说第一波罗蜜，即非第一波罗蜜，是名第一波罗蜜。

须菩提，忍辱波罗蜜，如来说非忍辱波罗蜜，是名忍辱波罗蜜。何以故？须菩提，如我昔为歌利王割截身体，我于尔时无我相、无人相、无众生相、无寿者相。何以故？我于往昔节节支解时，若有我相、人相、众生相、寿者相，应生嗔恨。

须菩提，又念过去于五百世作忍辱仙人，于尔所世无我相，无人相，无众生相，无寿者相。是故须菩提，菩萨应离一切相，发阿耨多罗三藐三菩提心，不应住色生心，不应住声、香、味、触、法生心，应生无所住心。若心有住则为非住，是故佛说，菩萨心不应住色布施。须菩提，菩萨为利益一切众生，应如是布施。如来说一切诸相，即是非相。又说一切众生，即非众生。

须菩提，如来是真语者，实语者，如语者，不诳语者，不异语者。

须菩提，如来所得法，此法无实无虚。须菩提，若菩萨心住于法而行布施，如人入暗，即无所见。若菩萨心不住法而行布施，如人有目，日光明照，见种种色。

须菩提，当来之世，若有善男子善女人能于此经受、持、读、诵，即为如来。以佛智慧悉知是人，悉见是人，皆得成就无量无边功德。

须菩提，若有善男子善女人初日分以恒河沙等身布施，中日分复以恒河沙等身布施，后日分亦以恒河沙等身布施，如是无量百千万亿劫以身布施；若复有人闻此经典，信心不逆，其福胜彼。何况书写、受、持、读、诵，为人解说。

须菩提，以要言之，是经有不可思议、不可称量、无边功德。如来为发大乘者说，为发最上乘者说。若有人能受、持、读、诵，广为人说，如来悉知是人，悉见是人，皆得成就不可量、不可称、无有边、不可思议功德。如是人等，则为荷担如来阿耨多罗三藐三菩提。何以故？须菩提，若乐小法者，著我见、人见、众生见、寿者见，则于此经，不能听、受、读、诵，为人解说。

须菩提，在在处处若有此经，一切世间天、人、阿修罗所应供养。当知此处即为是塔，皆应恭敬，作礼围绕，以诸华香而散其处。

复次，须菩提，若善男子善女人受、持、读、诵此经，若为人轻贱，是人先世罪业应堕恶道，以今世人轻贱故，先世罪业则为消灭，当得阿耨多罗三藐三菩提。

须菩提，我念过去无量阿僧祇劫，于然灯佛前，得值八百四千万亿那由他诸佛，悉皆供养承事，无空过者。若复有人于后来世能受、持、读、诵此经，所得功德，于我所供养诸佛功德，百分不及一，千、万、亿分，乃至算数譬喻所不能及。

须菩提，若善男子善女人于后来世有受、持、读、诵此经，所得功德我若具说者，或有人闻，心则狂乱，狐疑不信。

须菩提，当知是经义不可思议，果报亦不可思议。"

尔时，须菩提白佛言："世尊，善男子善女人发阿耨多罗三藐三菩提心，云何应住？云何降伏其心？"

佛告须菩提："善男子善女人发阿耨多罗三藐三菩提者，当生如是心：我应灭度一切众生，灭度一切众生已，而无有一众生实灭度者。何以故？须菩提，若菩萨有我相、人相、众生相、寿者相，则非菩萨。所以者何？须菩提，实无有法，发阿耨多罗三藐三菩提心者。

须菩提，于意云何？如来于然灯佛所，有法得阿耨多罗三藐三菩提不？"

"不也，世尊。如我解佛所说义，佛于然灯佛所，无有法得阿耨多罗三藐三菩提。"

佛言："如是！如是！须菩提，实无有法如来得阿耨多罗三藐三菩提。须菩提，若有法得阿耨多罗三藐三菩提，然灯佛则不与我授记：'汝于来世，当得作佛，号释迦牟尼。'以实无有法，得阿耨多罗三藐三菩提。是故然灯佛与我授记，作是言：'汝于来世，当得作佛，号释迦牟尼。'

何以故？如来者，即诸法如义。若有人言，'如来得阿耨多罗三藐三菩提'，须菩提，实无有法，佛得阿耨多罗三藐三菩提。

须菩提，如来所得阿耨多罗三藐三菩提，于是中无实无虚，是故如来说一切法皆是佛法。

须菩提，所言一切法者，即非一切法，是故名一切法。须菩提，譬如人身长大。"

须菩提言："世尊，如来说人身长大，即为非大身，是名大身。"

"须菩提，菩萨亦如是。若作是言：'我当灭度无量众生'，则不名菩萨。何以故？须菩提，无有法名为菩萨。是故佛说，一切法无我，无人，无众生，无寿者。

须菩提，若菩萨作是言：'我当庄严佛土'，是不名菩萨。何以故？如来说庄严佛土者，即非庄严，是名庄严。

须菩提，若菩萨通达无我法者，如来说名真是菩萨。

须菩提，于意云何？如来有肉眼不？"

"如是，世尊，如来有肉眼。"

"须菩提，于意云何？如来有天眼不？"

"如是，世尊，如来有天眼。"

"须菩提，于意云何？如来有慧眼不？"

"如是，世尊，如来有慧眼。"

"须菩提，于意云何？如来有法眼不？"

"如是，世尊，如来有法眼。"

"须菩提，于意云何？如来有佛眼不？"

"如是，世尊，如来有佛眼。"

"须菩提，于意云何？恒河中所有沙，佛说是沙不？"

"如是，世尊，如来说是沙。"

"须菩提，于意云何？如一恒河中所有沙，有如是等恒河，是诸恒河所有沙数佛世界，如是宁为多不？"

"甚多，世尊。"

佛告须菩提："尔所国土中，所有众生若干种心，如来悉知。何以故？如来说诸心，皆为非心，是名为心。所以者何？须菩提，过去心不可得，现在心不可得，未来心不可得。

须菩提，于意云何？若有人满三千大千世界七宝，以用布施，是人以是因缘，得福多不？"

"如是，世尊。此人以是因缘，得福甚多。"

"须菩提，若福德实有，如来不说得福德多。以福德无故，如来说得福德多。

须菩提，于意云何？佛可以具足色身见不？"

"不也，世尊。如来不应以具足色身见。何以故？如来说具足色身，即非具足色身，是名具足色身。"

"须菩提，于意云何？如来可以具足诸相见不？"

"不也，世尊。如来不应以具足诸相见。何以故？如来说诸相具足，即非具足，是名诸相具足。"

"须菩提，汝勿谓如来作是念：我当有所说法。莫作是念！何以故？若人言如来有所说法，即为谤佛，不能解我所说故。

须菩提，说法者，无法可说，是名说法。"

尔时，慧命须菩提白佛言："世尊，颇有众生于未来世，闻说是法，生信心不？"

佛言："须菩提，彼非众生，非不众生。何以故？须菩提，众生众生者，如来说非众生，是名众生。"

须菩提白佛言："世尊，佛得阿耨多罗三藐三菩提，为无所得耶。"

佛言，"如是！如是！须菩提，我于阿耨多罗三藐三菩提，乃至无有少法可得，是名阿耨多罗三藐三菩提。

复次，须菩提，是法平等，无有高下，是名阿耨多罗三藐三菩提。以无我、无人、无众生、无寿者，修一切善法，即得阿耨多罗三藐三菩提。

须菩提，所言善法者，如来说即非善法，是名善法。"

须菩提，若三千大千世界中所有诸须弥山王，如是等七宝聚，有人持用布施，若人以此《般若波罗蜜经》，乃至四句偈等，受、持、诵读，为他人说，于前福德，百分不及一，百、千、万、亿分，乃至算数譬喻所不能及。

须菩提，于意云何？汝等勿谓如来作是念：我当度众生。

须菩提，莫作是念！何以故？实无有众生如来度者。若有众生如来度者，如来则有我、人、众生、寿者。

须菩提，如来说有我者，即非有我，而凡夫之人以为有我。

须菩提，凡夫者，如来说即非凡夫，是名凡夫。

须菩提，于意云何？可以三十二相观如来不？"

须菩提言："如是！如是！以三十二相观如来。"

佛言："须菩提，若以三十二相观如来者，转轮圣王即是如来。"

须菩提白佛言:"世尊,如我解佛所说义,不应以三十二相观如来。"

尔时,世尊而说偈言:

"'若以色见我,

以音声求我,

是人行邪道,

不能见如来。'

须菩提,汝若作是念:如来不以具足相,故得阿耨多罗三藐三菩提。须菩提,莫作是念:如来不以具足相,故得阿耨多罗三藐三菩提。

须菩提,汝若作是念:发阿耨多罗三藐三菩提心者,说诸法断灭,莫作是念!何以故?发阿耨多罗三藐三菩提心者,于法不说断灭相。

须菩提,若菩萨以满恒河沙等世界七宝布施,若复有人知一切法无我,得成于忍,此菩萨胜前菩萨所得功德。何以故?须菩提,以诸菩萨不受福德故。"

须菩提白佛言:"世尊,云何菩萨不受福德?"

"须菩提,菩萨所作福德,不应贪著,是故说不受福德。

须菩提,若有人言'如来若来、若去、若坐、若卧',是人不解我所说义。何以故?如来者,无所从来,亦无所去,故名如来。

须菩提,若善男子善女人以三千大千世界碎为微尘,于意云何?是微尘众宁为多不?"

"甚多,世尊。何以故?若是微尘众实有者,佛则不说是微尘众。所以者何?佛说微尘众,即非微尘众,是名微尘众。

世尊,如来所说三千大千世界,即非世界,是名世界。何以故?若世界实有,即是一合相。如来说一合相,即非一合相,是名一合相。"

"须菩提,一合相者,即是不可说。但凡夫之人贪著其事。

须菩提，若人言，'佛说我见、人见、众生见、寿者见。'须菩提，于意云何？是人解我所说义不？"

"不也，世尊，是人不解如来所说义。何以故？世尊说'我见、人见、众生见、寿者见'，即非我见、人见、众生见、寿者见，是名我见、人见、众生见、寿者见。"

"须菩提，发阿耨多罗三藐三菩提心者，于一切法应如是知，如是见，如是信解，不生法相。

须菩提，所言法相者，如来说即非法相，是名法相。

须菩提，若有人以满无量阿僧祇世界七宝，持用布施。若有善男子善女人发菩提心者，持于此经，乃至四句偈等，受、持、诵，为人演说，其福胜彼。

云何为人演说？不取于相，如如不动。何以故？

'一切有为法，

如梦幻泡影，

如露亦如电，

应作如是观。'"

佛说是经已，长老须菩提及诸比丘、比丘尼、优婆塞、优婆夷，一切世间天、人、阿修罗，闻佛所说，皆大欢喜，信受奉行。

《金刚经》玄奘译本①

　　如是我闻。一时薄伽梵。在室罗筏。住誓多林给孤独园。与大苾刍众千二百五十人俱。尔时世尊于日初分。整理裳服执持衣钵。入室罗筏大城乞食。时薄伽梵于其城中行乞食已出还本处。饭食讫收衣钵洗足已。于食后时敷如常座结跏趺坐。端身正愿住对面念。时诸苾刍来诣佛所。到已顶礼世尊双足。右绕三匝退坐一面。具寿善现亦于如是众会中坐。

　　尔时众中具寿善现从座而起偏袒一肩。右膝著地合掌恭敬而白佛言。希有世尊乃至如来应正等觉。能以最胜摄受。摄受诸菩萨摩诃萨乃至如来应正等觉。能以最胜付嘱。付嘱诸菩萨摩诃萨。世尊。诸有发趣菩萨乘者。应云何住。云何修行。云何摄伏其心。作是语已。

　　尔时世尊告具寿善现曰。善哉善哉。善现。如是如是。如汝所说。乃至如来应正等觉。能以最胜摄受。摄受诸菩萨摩诃萨乃至如来应正等觉。能以最胜付嘱。付嘱诸菩萨摩诃萨。是故善现。汝应谛听极善作意。吾当为汝分别解说。诸有发趣菩萨乘者。应如是住。如是修行。如是摄伏其心。具寿善现白佛言。如是如是世尊。愿乐欲闻。佛言善现。诸有发趣菩萨乘者。应当发趣如是之心。所有诸有情。有情摄所摄。若卵生

---

① 原文无标点，此文为断句需要以句号将句子断开，句号仅作断句用。

若胎生。若湿生若化生。若有色若无色。若有想若无想。若非有想非无想。乃至有情界。施设所施设。如是一切。我当皆令于无余依妙涅槃界而般涅槃。虽度如是无量有情令灭度已。而无有情得灭度者。何以故。善现。若诸菩萨摩诃萨有情想转不应说名菩萨摩诃萨。所以者何。善现。若诸菩萨摩诃萨不应说言有情想转。如是命者想。士夫想。补特伽罗想。意生想。摩纳婆想。作者想。受者想转当知亦尔。何以故。善现。无有少法名为发趣菩萨乘者。

复次善现。若菩萨摩诃萨不住于事应行布施。都无所住应行布施。不住于色应行布施。不住声香味触法应行布施。善现。如是菩萨摩诃萨如不住相想应行布施。何以故。善现。若菩萨摩诃萨都无所住而行布施。其福德聚不可取量。佛告善现。于汝意云何。东方虚空可取量不。善现答言。不也世尊。善现如是南西北方四维上下。周遍十方一切世界虚空可取量不。善现答言。不也世尊。佛言善现。如是如是。若菩萨摩诃萨都无所住而行布施。其福德聚不可取量亦复如是。善现。菩萨如是如不住相想应行布施。

佛告善现。于汝意云何。可以诸相具足观如来不。善现答言。不也世尊。不应以诸相具足观于如来。何以故。如来说诸相具足即非诸相具足。说是语已佛复告具寿善现言。善现。乃至诸相具足皆是虚妄。乃至非相具足皆非虚妄。如是以相非相应观如来。说是语已。具寿善现复白佛言。世尊。颇有有情。于当来世后时后分后五百岁正法将灭时分转时。闻说如是色经典句生实想不。佛告善现。勿作是说。颇有有情于当来世后时后分后五百岁。正法将灭时分转时。闻说如是色经典句生实想不。然复善现。有菩萨摩诃萨于当来世后时后分后五百岁。正法将灭时分转时。具足尸罗具德具慧。复次善现。彼菩萨摩诃萨非于一佛所承事供养。

非于一佛所种诸善根。然复善现。彼菩萨摩诃萨于其非一百千佛所承事供养。于其非一百千佛所种诸善根乃能闻说如是色经典句。当得一净信心。善现。如来以其佛智悉已知彼。如来以其佛眼悉已见彼。善现。如来悉已觉彼。一切有情当生无量无数福聚。当摄无量无数福聚。何以故。善现。彼菩萨摩诃萨。无我想转无有情想。无命者想。无士夫想。无补特伽罗想。无意生想。无摩纳婆想。无作者想。无受者想转。善现。彼菩萨摩诃萨无法想转无非法想转。无想转亦无非想转。所以者何。善现。若菩萨摩诃萨有法想转。彼即应有我执。有情执。命者执。补特伽罗等执。若有非法想转。彼亦应有我执。有情执。命者执。补特伽罗等执。何以故。善现。不应取法不应取非法。是故如来密意而说筏喻法门。诸有智者法尚应断何况非法。

佛复告具寿善现言。善现。于汝意云何。颇有少法如来应正等觉证得阿耨多罗三藐三菩提耶。颇有少法如来应正等觉是所说耶。善现答言。世尊。如我解佛所说义者。无有少法如来应正等觉证得阿耨多罗三藐三菩提。亦无有少法是如来应正等觉所说。何以故。世尊。如来应正等觉。所证所说所思惟法。皆不可取不可宣说非法非非法。何以故。以诸贤圣补特伽罗皆是无为之所显故。

佛告善现。于汝意云何。若善男子或善女人。以此三千大千世界盛满七宝持用布施。是善男子或善女人。由此因缘所生福聚宁为多不。善现答言。甚多世尊。甚多善逝。是善男子或善女人。由此因缘所生福聚其量甚多。何以故。世尊。福德聚福德聚者。如来说为非福德聚。是故如来说名福德聚福德聚佛复告善现言。善现。若善男子或善女人。以此三千大千世界盛满七宝持用布施。若善男子或善女人。于此法门乃至四句伽陀。受持读诵究竟通利。及广为他宣说开示如理作意。由是因缘所生福聚。甚多于前无量无数。何以故。一切如来应正等觉阿耨多罗三藐三菩提皆从此经出。诸佛世尊。皆从此经生。所以者何。善现。诸佛法诸佛法者。如来说为非诸佛法。是故如来说名诸佛法诸佛法。佛告善现。于汝意云何。诸预流者颇作是念。我能证得预流果不。善现答言。不也世尊。诸预流者不作是念。我能证得预流之果。何以故。世尊。诸预流者无少所预故名预流。不预色声香味触法故名预流。世尊。若预流者作如是念。我能证得预流之果。即为执我有情命者士夫补特伽罗等。佛告善现。于汝意云何。诸一来者颇作是念。我能证得一来果不。善现答言。不也世尊。诸一来者不作是念。我能证得一来之果。何以故。世尊。以无少法证一来性故名一来。佛告善现。于汝意云何。诸不还者颇作是念。我能证得不还果不。善现答言。不也世尊。诸不还者不作是念。我能证得不还之果。何以故。世尊以无少法证不还性故名不还。佛告善现。于汝意云何。诸阿罗汉颇作是念。我能证得阿罗汉不。善现答言。不也世尊。诸阿罗汉不作是念。我能证得阿罗汉性。何以故。世尊。以无少法名阿罗汉。由是因缘名阿罗汉。世尊。若阿罗汉作如是念。我能证得阿罗汉性。即为执我有情命者士夫补特伽罗等。所以者何。世尊。如来应正等觉说我得无诤住最为第一。世尊。我虽是阿罗汉永离贪欲。而我未曾作如是念。我得阿罗汉永离贪欲。世尊。我若作如是念。我得阿罗汉永离贪欲者。如来不应记说我言。善现。善男子得无诤住最为第一。以都无所住。是故如来说名无诤住无诤住。

佛告善现。于汝意云何。如来昔在然灯如来应正等觉所颇于少法有所取不。善现答言。不也世尊。如来昔在然灯如来应正等觉所都无少法而有所取。佛告善现。若有菩萨作如是言。我当成办佛土功德庄严。如是菩萨非真实语。何以故。善现。佛土功德庄严佛土功德庄严者。如来说非庄严。是故如来说名佛土功德庄严佛土功德庄严。是故善现。菩萨如是都无所住应生其心。不住于色应生其心。不住非色应生其心。不住声香味触法应生其心。不住非声香味触法应生其心。都无所住应生其心。

佛告善现。如有士夫具身大身其色自体。假使譬如妙高山王。善现。于汝意云何。彼之自体为广大不。善现答言。彼之自体。广大世尊。广大善逝。何以故。世尊彼之自体如来说非彼体故名自体。非以彼体故名自体。

佛告善现。于汝意云何。乃至殑伽河中所有沙数。假使有如是沙等殑伽河。是诸殑伽河沙宁为多不。善现答言。甚多世尊甚多善逝。诸殑伽河尚多无数何况其沙。佛言善现。吾今告汝开觉于汝。假使若善男子或善女人。以妙七宝盛满尔所殑伽河沙等世界。奉施如来应正等觉。善现。于汝意云何。是善男子或善女人。由此因缘所生福聚宁为多不。善现答言。甚多世尊。甚多善逝。是善男子或善女人由此因缘所生福聚其量甚多。佛复告善现。若以七宝盛满尔所沙等世界。奉施如来应正等觉。若善男子或善女人。于此法门乃至四句伽他受持读诵究竟通利。及广为他宣说开示如理作意。由此因缘所生福聚。甚多于前无量无数。

复次善现。若地方所于此法门。乃至为他宣说开示四句伽他。此地方所尚为世间诸天及人阿素洛等之所供养如佛灵庙。何况有能于此法门。具足究竟书写受持读诵究竟通利。及广为他宣说开示如理作意。如是有情成就最胜希有功德。此地方所大师所住。或随一一尊重处所。若诸有智同梵行者说是语已。

具寿善现复白佛言。世尊。当何名此法门。我当云何奉持。作是语已。佛告善现言。具寿。今此法门。名为能断金刚般若波罗蜜多。如是名字汝当奉持。何以故。善现。如是般若波罗蜜多。如来说为非般若波罗蜜多。是故如来说名般若波罗蜜多。

佛告善现。于汝意云何。颇有少法如来可说不。善现答言。不也世尊。无有少法如来可说。佛告善现。乃至三千大千世界大地微尘宁为多不。善现答言。此地微尘甚多世尊。甚多善逝。佛言善现。大地微尘如来说非微尘。是故如来说名大地微尘。诸世界如来说非世界。是故如来说名世界。

佛告善现。于汝意云何。应以三十二大士夫相观于如来应正等觉不。善现答言。不也世尊。不应以三十二大士夫相观于如来应正等觉。何以故。世尊。三十二大士夫相如来说为非相。是故如来说名三十二大士夫相。佛复告善现言。假使若有善男子或善女人。于日日分舍施殑伽河沙等自体。如是经殑伽河沙等劫数舍施自体。复有善男子或善女人。于此法门乃至四句伽他。受持读诵究竟通利。及广为他宣说开示如理作意。由是因缘所生福聚甚多于前无量无数。尔时具寿善现。闻法威力悲泣堕泪。俯仰扪泪而白佛言。甚奇希有世尊。最极希有善逝如来今者所说法门。普为发趣最上乘者作诸义利。普为发趣最胜乘者作诸义利。世尊。我昔生智以来未曾得闻如是法门。世尊。若诸有情闻说如是甚深经典生真实想。当知成就最胜希有。何以故。世尊。诸真实想真实想者。如来说为非想。是故如来说名真实想真实想。世尊。我今闻说如是法门。领悟信解未为希有。若诸有情于当来世后时后分后五百岁。正法将灭时分转时。当于如是甚深法门。领悟信解受持读诵究竟通利。及广为他宣说开示如理作意。当知成就最胜希有。何以故。世尊。彼诸有情无我想转。无有情想无命者想无士夫想无补特伽罗想无意生想无摩纳婆想无作者想无受者想转。所以者何。世尊。诸我想即是非想。诸有情想命者想士夫想补特伽罗想意生想摩纳婆想作者想受者想即是非想。何以故。诸佛世尊离一切想。作是语已。

尔时世尊。告具寿善现言。如是如是。善现。若诸有情闻说如是甚深经典。不惊不惧无有怖畏。当知成就最胜希有。何以故。善现。如来说最胜波罗蜜多。谓般若波罗蜜多。善现。如来所说最胜波罗蜜多。无量诸佛世尊所共宣说故。名最胜波罗蜜多。如来说最胜波罗蜜多。即非波罗蜜多。是故如来说名最胜波罗蜜多。

复次善现。如来说忍辱波罗蜜多。即非波罗蜜多。是故如来说名忍辱波罗蜜多。何以故。善现。我昔过去世曾为羯利王断支节肉。我于尔时都无我想或有情想或命者想或士夫想或补特伽罗想或意生想或摩纳婆想或作者想或受者想。我于尔时都无有想亦非无想。何以故。善现。我于尔时若有我想。即于尔时应有恚想。我于尔时若有有情想命者想士夫想补特伽罗想意生想摩纳婆想作者想受者想即于尔时应有恚想。何以故。善现。我忆过去五百生中。曾为自号忍辱仙人。我于尔时都无我想。无有情想无命者想无士夫想无补特伽罗想无意生想无摩纳婆想无作者想无受者想。我于尔时都无有想亦非无想。是故善现。菩萨摩诃萨远离一切想。应发阿耨多罗三藐三菩提心。不住于色应生其心。不住非色应生其心。不住声香味触法应生其心。不住非声香味触法应生其心。都无所住应生其心。何以故。善现。诸有所住则为非住。是故如来说诸菩萨。应无所住而行布施。不应住色声香味触法而行布施复次善现。菩萨摩诃萨为诸有情作义利故。应当如是弃舍布施。何以故。善现。诸有情想即是非想。一切有情如来即说为非有情。善现。如来是实语者谛语者如语者不异语者。复次善现。如来现前等所证法或所说法或所思法。即于其中非谛非妄。善现。譬如士夫入于闇室都无所见。当知菩萨若堕于事。谓堕于事而行布施亦复如是。善现。譬如明眼士夫过夜晓已日光出时见种种色。当知菩萨不堕于事。谓不堕事而行布施。亦复如是。

复次善现。若善男子或善女人。于此法门受持读诵究竟通利。及广为他宣说开示如理作意则为如来。以其佛智悉知是人则为如来。以其佛眼悉见是人则为如来悉觉是人。如是有情一切当生无量福聚。

复次善现。假使善男子或善女人。日初时分以殑伽河沙等自体布施。日中时分复以殑伽河沙等自体布施。日后时分亦以殑伽河沙等自体布施。由此异门经于俱胝那庾多百千劫以自体布施。若有闻说如是法门不生诽谤。由此因缘所生福聚。尚多于前无量无数。何况能于如是法门具足毕竟。书写受持读诵究竟通利。及广为他宣说开示如理作意。

复次善现。如是法门不可思议不可称量。应当希冀不可思议所感异熟。善现。如来宣说如是法门。为欲饶益趣最上乘诸有情故。为欲饶益趣最胜乘诸有情故。善现。若有于此法门受持读诵究竟通利及广为他宣说开示如理作意。即为如来以其佛智悉知是人。即为如来以其佛眼悉见是人。则为如来悉觉是人。如是有情一切成就无量福聚。皆当成就不可思议不可称量无边福聚。善现。如是一切有情其肩荷担如来无上正等菩提。何以故。善现。如是法门非诸下劣信解有情所能听闻。非诸我见。非诸有情见。非诸命者见。非诸士夫见。非诸补特伽罗见。非诸意生见。非诸摩纳婆见。非诸作者见。非诸受者见。所能听闻。此等若能受持读诵究竟通利。及广为他宣说开示如理作意无有是处。复次善现。若地方所开此经典。此地方所当为世间诸天及人阿素洛等之所供养。礼敬右绕如佛灵庙。

复次善现若善男子或善女人。于此经典受持读诵究竟通利。及广为他宣说开示如理作意。若遭轻毁极遭轻毁。所以者何。善现。是诸有情宿生所造诸不净业应感恶趣。以现法中遭轻毁故。宿生所造诸不净业皆悉消尽。当得无上正等菩提。何以故。善现。我忆过去于无数劫复过无数。于然灯如来应正等觉先复过先。曾值八十四俱胝那庾多百千诸佛我皆承事。既承事已皆无违犯。善现。我于如是诸佛世尊皆得承事。既承事已皆无违犯。若诸有情后时后分后五百岁。正法将灭时分转时。于此经典受持读诵究竟通利。及广为他宣说开示如理作意。善现。我先福聚于此福聚。百分计之所不能及。如是千分若百千分。若俱胝百千分。若俱胝那庾多百千分。若数分若计分若算分若喻分。若邬波尼杀昙分亦不能及。善现。我若具说。当于尔时。是善男子或善女人所生福聚。乃至是善男子是善女人所摄福聚。有诸有情则便迷闷心惑狂乱。是故善现。如来宣说如是法门。不可思议不可称量。应当希冀不可思议所感异熟。

　　尔时具寿善现复白佛言。世尊。诸有发趣菩萨乘者。应云何住。云何修行。云何摄伏其心。佛告善现。诸有发趣菩萨乘者。应当发起如是之心。我当皆令一切有情于无余依妙涅槃界而般涅槃。虽度如是一切有情令灭度已。而无有情得灭度者。何以故。善现。若诸菩萨摩诃萨有情想转不应说名菩萨摩诃萨。所以者何。若诸菩萨摩诃萨不应说言有情想转。如是命者想士夫想补特伽罗想意生想摩纳婆想作者想受者想转。当知亦尔。何以故。善现。无有少法名为发趣菩萨乘者。佛告善现。于汝意云何。如来昔于然灯如来应正等觉所。颇有少法能证阿耨多罗三藐三菩提不。作是语已具寿善现白佛言。世尊如我解佛所说义者。如来昔于然灯如来应正等觉所。无有少法能证阿耨多罗三藐三菩提。说是语已佛告具寿善现言。如是如是。善现。如来昔于然灯如来应正等觉所。无有少法能证阿耨多罗三藐三菩提。何以故。善现。如来昔于然灯如来应正等觉所。若有少法能证阿耨多罗三藐三菩提者。然灯如来应正等觉。不应授我记言。汝摩纳婆于当来世。名释迦牟尼如来应正等觉。善现。以

如来无有少法能证阿耨多罗三藐三菩提。是故然灯如来应正等觉授我记言汝摩纳婆于当来世名释迦牟尼如来应正等觉。所以者何。善现。言如来者即是真实真如增语。言如来者即是无生法性增语。言如来者即是永断道路增语。言如来者即是毕竟不生增语。何以故。善现。若实无生即最胜义。善现。若如是说如来应正等觉能证阿耨多罗三藐三菩提者。当知此言为不真实。所以者何。善现。由彼谤我起不实执。何以故。善现。无有少法如来应正等觉能证阿耨多罗三藐三菩提。善现。如来现前等所证法。或所说法。或所思法。即于其中非谛非妄。是故如来说一切法皆是佛法。善现。一切法一切法者。如来说非一切法。是故如来说名一切法一切法。

佛告善现。譬如士夫具身大身。具寿善现即白佛言。世尊。如来所说士夫具身大身。如来说为非身。是故说名具身大身。佛言善现。如是如是。若诸菩萨作如是言。我当灭度无量有情。是则不应说名菩萨。何以故。善现。颇有少法名菩萨不。善现答言。不也世尊。无有少法名为菩萨。佛告善现。有情有情者。如来说非有情故名有情。是故如来说一切法无有有情。无有命者无有士夫无有补特伽罗等。善现。若诸菩萨作如是言。我当成办佛土功德庄严亦如是说。何以故。善现。佛土功德庄严佛土功德庄严者。如来说非庄严。是故如来说名佛土功德庄严佛土功德庄严。善现。若诸菩萨于无我法无我法深信解者。如来应正等觉说为菩萨菩萨。

佛告善现。于汝意云何。如来等现有肉眼不。善现答言。如是世尊。如来等现有肉眼。佛言善现。于汝意云何。如来等现有天眼不。善现答言。如是世尊。如来等现有天眼。佛言善现。于汝意云何。如来等现有慧眼不。善现答言。如是世尊。如来等现有慧眼。佛言善现。于汝意云何。如来等现有法眼不。善现答言。如是世尊。如来等现有法眼。佛言善现。于汝意云何。如来等现有佛眼不。善现答言。如是世尊。如来等现有佛眼。

佛告善现。于汝意云何。乃至殑伽河中所有诸沙。如来说是沙不。善现答言。如是世尊。如是善逝。如来说是沙。佛言善现。于汝意云何。乃至殑伽河中所有沙数。假使有如是等殑伽河。乃至是诸殑伽河中所有沙数。假使有如是等世界。是诸世界宁为多不。善现答言。如是世尊。如是善逝。是诸世界其数甚多。佛言善现。乃至尔所诸世界中所有有情。彼诸有情各有种种。其心流注我悉能知。何以故。善现。心流注心流注者。如来说非流注。是故如来说名心流注心流注。所以者何。善现。过去心不可得。未来心不可得。现在心不可得。

佛告善现。于汝意云何。若善男子或善女人。以此三千大千世界盛满七宝奉施如来应正等觉。是善男子或善女人。由是因缘所生福聚宁为多不。善现答言。甚多世尊。甚多善逝。佛言善现。如是如是。彼善男子或善女人。由此因缘所生福聚其量甚多。何以故。善现。若有福聚如来不说福聚福聚。佛告善现。于汝意云何。可以色身圆实观如来不。善现答言。不也世尊。不可以色身圆实观于如来。何以故。世尊。色身圆实色身圆实者。如来说非圆实。是故如来说名色身圆实色身圆实佛告善现。于汝意云何。可以诸相具足观如来不。善现答言。不也世尊。不可以诸相具足观于如来。何以故。世尊。诸相具足诸相具足者。如来说为非相具足。是故如来说名诸相具足诸相具足。

佛告善现。于汝意云何。如来颇作是念。我当有所说法耶。善现。汝今勿当作如是观。何以故。善现。若言如来有所说法即为谤我。为非善取。何以故。善现。说法说法者。无法可得故名说法。尔时具寿善现

白佛言。世尊。于当来世后时后分后五百岁。正法将灭时分转时。颇有有情闻说如是色类法已能深信不。佛言善现。彼非有情非不有情。何以故。善现。一切有情者。如来说非有情故名一切有情。

佛告善现。于汝意云何。颇有少法如来应正等觉现证无上正等菩提耶。具寿善现白佛言。世尊。如我解佛所说义者。无有少法如来应正等觉现证无上正等菩提。佛言善现。如是如是。于中少法无有无得故名无上正等菩提。复次善现。是法平等于其中间无不平等故名无上正等菩提。以无我性无有情性无命者性无士夫性无补特伽罗等性平等故名无上正等菩提。一切善法无不现证。一切善法无不妙觉。善现。善法善法者。如来一切说为非法。是故如来说名善法善法。

复次善现。若善男子或善女人。集七宝聚量等三千大千世界。其中所有妙高山王持用布施。若善男子或善女人。于此般若波罗蜜多经中乃至四句伽他。受持读诵究竟通利。及广为他宣说开示如理作意。善现。前说福聚于此福聚。百分计之所不能及。如是千分若百千分若俱胝百千分。若俱胝那庾多百千分。若数分若计分若算分若喻分。若邬波尼杀昙分亦不能及。

佛告善现。于汝意云何。如来颇作是念。我当度脱诸有情耶。善现。汝今勿当作如是观。何以故。善现。无少有情如来度者。善现。若有有情如来度者。如来即应有其我执有有情执有命者执有士夫执有补特伽罗等执。善现。我等执者如来说为非执。故名我等执。而诸愚夫异生强有此执。善现。愚夫异生者。如来说为非生故名愚夫异生。

佛告善现。于汝意云何。可以诸相具足观如来不。善现答言。如我解佛所说义者。不应以诸相具足观于如来。佛言善现。善哉善哉。如是如是。如汝所说。不应以诸相具足观于如来。善现。若以诸相具足观如来者。转轮圣王应是如来。是故不应以诸相具足观于如来。如是应以诸相非相观于如来。尔时世尊而说颂曰。

诸以色观我 以音声寻我

彼生履邪断 不能当见我

应观佛法性 即导师法身

法性非所识 故彼不能了

佛告善现。于汝意云何。如来应正等觉以诸相具足现证无上正等觉耶。善现。汝今勿当作如是观。何以故。善现。如来应正等觉不以诸相具足现证无上正等菩提。

复次善现。如是发趣菩萨乘者。颇施设少法若坏若断耶。善现。汝今勿当作如是观。诸有发趣菩萨乘者。终不施设少法若坏若断复次善现。若善男子或善女人。以殑伽河沙等世界盛满七宝奉施如来应正等觉。若有菩萨于诸无我无生法中获得堪忍。由是因缘所生福聚甚多于彼。

复次善现。菩萨不应摄受福聚。具寿善现即白佛言。世尊。云何菩萨不应摄受福聚。佛言善现。所应摄受不应摄受。是故说名所应摄受。

复次善现。若有说言如来若去若来若住若坐若卧。是人不解我所说义。何以故。善现。言如来者即是真实真如增语。都无所去无所从来故名如来应正等觉。

复次善现。若善男子或善女人。乃至三千大千世界大地极微尘量等世界。即以如是无数世界色像为墨如极微聚。善现。于汝意云何。是极微聚宁为多不。善现答言。是极微聚。甚多世尊甚多善逝。何以故。世尊。若极微聚是实有者。佛不应说为极微聚。所以者何。如来说极微聚即为非聚故名极微聚。如来说三千大千世界即非世界故名三千大千世界。何以故。世尊。若世界是实有者即为一合执。如来说一合执即为非执故名一合执。佛言善现。此一合执不可言说不可戏论。然彼一切愚夫异生强执是法。何以故。善现。若作是言。如来宣说我见有情见命者见士夫见补特伽罗见意生见摩纳婆见作者见受者见。于汝意云何。如是所说为正语不。善现答言。不也世尊。不也善逝。如是所说非为正语。所以者何。如来所说我见有情见命者见士夫见补特伽罗见意生见摩纳婆见作者见受者见即为非见故名我见乃至受者见。佛告善现。诸有发趣菩萨乘者。于一切法应如是知。应如是见。应如是信解。如是不住法想。何以故。善现。法想法想者。如来说为非想。是故如来说名法想法想。

复次善现。若菩萨摩诃萨以无量无数世界盛满七宝奉施如来应正等觉。若善男子或善女人。于此般若波罗蜜多经中乃至四句伽他。受持读诵究竟通利如理作意。及广为他宣说开示。由此因缘所生福聚。甚多于前无量无数。云何为他宣说开示。如不为他宣说开示故名为他宣说开示。尔时世尊而说颂曰。

诸和合所为　如星翳灯幻

露泡梦电云　应作如是观

时薄伽梵说是经已。尊者善现及诸苾刍苾刍尼邬波索迦邬波斯迦。并诸世间天人阿素洛健达缚等。闻薄伽梵所说经已。皆大欢喜信受奉行。

索 引

图书在版编目(CIP)数据

《金刚经》传 / 林涌强著. —杭州：浙江大学出版社，
2013.11
ISBN 978-7-308-11835-4

I. ①金… II. ①林… III. ①佛经②《金刚经》—研究 IV. ①B942.1

中国版本图书馆 CIP 数据核字(2013)第 240577 号

《金刚经》传

林涌强　著

责任编辑　张　琛
责任校对　蔡圆圆
封面设计　续设计
插　　画　李　钧
出版发行　浙江大学出版社
　　　　　(杭州天目山路 148 号　邮政编码 310007)
　　　　　(网址：http://www.zjupress.com)
排　　版　杭州金旭广告有限公司
印　　刷　杭州杭新印务有限公司
开　　本　710mm×1000mm　1/16
印　　张　13
字　　数　155 千
版 印 次　2013 年 11 月第 1 版　2013 年 11 月第 1 次印刷
书　　号　ISBN 978-7-308-11835-4
定　　价　36.00 元